Rita Vitt

BLÜTEN- UND KRÄUTER- LIKÖRE

50 Rezepte
von der Schwarzwälder Brennmeisterin

DAS STECKT IM BUCH

Vorwort 4
Was ist eigentlich Likör? 6
Das kommt rein 7
So wird Likör gemacht 11

DIE LIEBLICH-BLUMIGEN
Seite 14

DIE HERB-FRUCHTIGEN
Seite 60

DIE MILD-WÜRZIGEN
Seite 78

DIE BITTER-GRÜNEN
Seite 104

Bezugsquellen 124
Zum Weiterlesen 124
Rezepte schnell nachgeschlagen 125

VORWORT

Es ist ein schönes Hobby, Pflanzen zu kennen und noch schöner ist es, Pflanzen selbst zu ziehen. Unweigerlich möchten wir dann diese Schätze auch verarbeiten und Vorräte davon anlegen, zumindest geht es mir so. Liköre sind die Essenz der vielfältigen Aromen, die die Natur uns bietet.
Die Möglichkeit, Alkohol zu destillieren wurde immer schon dazu genutzt, um Heil- und Gewürzpflanzen haltbar zu machen. So konnte die eigene lebenswichtige Apotheke bestückt werden, aber so sind auch Geschmack- und Genussfreuden für die kalte Jahreszeit entstanden.

Heute hat sich unser Gaumen an künstliche oder naturidentische und dadurch immer gleiche Aromen der industrialisierten Lebensmittel gewöhnt. So manche Geschmäcker, die die Natur für uns bereithält, werden zum ungewohnten Erlebnis für den „entwöhnten" Menschen. Doch wie schön, dass es noch Neues zu entdecken gibt und man dafür nicht in ferne Länder reisen muss.

Mit diesem Buch möchte ich dazu anregen, die natürlichen Aromen kennenzulernen und auch manchmal einen herben Beigeschmack zu akzeptieren. Ich möchte Sie zum kreativen Umgang mit alltäglichen, oft übersehenen Pflanzen animieren. Vielleicht werden Sie auch dazu inspiriert, einen kleinen Aromagarten selbst anzulegen.

»Nur durch das Tun kommt man zum Können.«

Deshalb wünsche ich Freude am Tun und Erfolg bei der Herstellung.

Ihre *Rita Nitt*

WAS IST EIGENTLICH LIKÖR?

Likör ist ein alkoholisches Mischgetränk – aromatisiert mit Früchten, Kräutern, Blüten oder Gewürzen.

Ein Likör hat einen Alkoholgehalt, der bei mindestens 15 % liegt, er kann aber auch viel höher sein. Hier ist zu beachten, dass Alkohol auch der Konservierung dient. Je höher der Alkoholgehalt, desto haltbarer ist der Likör. Wobei ein Likör auch mit 15 % nicht verdirbt, aber sicher schneller altert und Geschmack und Farbe verändert als ein Likör mit 30 % Alkohol.

Die Zutat Wasser spielt eine Rolle, da ich in diesem Buch besonders mit Kräutern arbeite, die wenig oder kein Wasser enthalten. Die Ansätze müssen also mit Wasser auf eine angenehm trinkbare Alkoholstärke verdünnt werden. Bei Fruchtlikören sieht es etwas anders aus, da die Früchte viel Wasser enthalten. Hier verwendet man einfach mehr Früchte oder Fruchtsaft, um den Likör zu verdünnen.

Zucker kann in verschiedenen Formen zugegeben werden, aber auch den in den Früchten enthaltene Fruchtzucker darf man nicht vergessen (Kräuterliköre enthalten nur den hinzugefügten Zucker).

Bei den geschmacksgebenden Zutaten sind der Fantasie wenig Grenzen gesetzt und außer giftigen Pflanzen oder Früchten kann praktisch alles zugegeben werden. Bei Fruchtlikören sind Früchte die geschmacksgebende Zutat, bei Kräuterlikören Kräuter, Blüten oder Gewürze. Geschmack kommt natürlich auch aus dem Alkohol und dem verwendeten Süßungsmittel (Zucker, Kandis, Honig).

EU-Spirituosenrecht

Für den Hausgebrauch muss man nicht so genau arbeiten, aber sobald ein Produkt zur Vermarktung hergestellt wird, müssen die lebensmittelrechtlichen Bestimmungen eingehalten werden, die im EU-Spirituosenrecht aufgelistet sind. Likör muss dann immer mit einem Etikett versehen sein, auf dem Adresse, Menge, Alkoholgehalt, Losnummer und die Bezeichnung angegeben sind. Außerdem muss er so verschlossen sein, dass die erste Öffnung erkennbar ist (Schrumpfkappe).

DAS KOMMT REIN

Ein Likör besteht immer aus Alkohol und Wasser, dazu kommen Zucker sowie eine oder mehrere geschmacksgebende Zutaten.

ALKOHOL

Eine Grundzutat von Likör ist Alkohol. Zur Herstellung von Likören eignen sich deshalb besonders Alkohole aus Früchten (Obstbrände) und Neutralalkohol, der aus landwirtschaftlichen Produkten hergestellt ist. Fruchtliköre enthalten meist 15–25 % Alkohol, Kräuterliköre oft etwas mehr. Sie können bis zu 50 % Alkohol enthalten, da Kräuter kein oder nur sehr wenig Wasser enthalten und somit den Ansatz kaum verdünnen. Früchte hingegen sind sehr wasserreich und senken durch ihren Saft den Alkoholgehalt.

Der Ursprung des Alkohols wirkt sich stark auf das Aroma des Likörs aus und dient sogar als Geschmackszutat. Ganz besonders empfindliche Aromen, z. B. bei Blütenlikören, werden aber schnell von Frucht- oder anderen Destillaten überdeckt, deshalb verwendet man hier Neutralalkohol.

Wichtig sind bei den Kräuteransätzen die Stärke des zugesetzten Destillates und die Dauer der Einwirkung (Mazeration) auf die Kräuter. Je länger die Mazeration, umso mehr und stärker werden die Inhaltsstoffe der Pflanzen gelöst. Oft zählen auch herbe Gerbstoffe oder Harze dazu, die den Likör bitter machen. Je nach Geschmack können Sie hier mit den Einwirkzeiten spielen. Die Rezepte bieten nur Anregungen, die Sie gerne nach Belieben verändern sollen. Variieren Sie mit den Zeiten und treffen Sie so sicher Ihren eigenen Geschmack.

Die Angabe des Alkoholgehaltes der Liköre in den Rezepten ist eine Circa-Angabe. Da viele Zutaten gemischt werden und keine genauen Gefäße und Waagen benutzt werden, kann nur ein rechnerischer Alkoholgehalt angegeben werden. Eine genaue Angabe kann nur eine Laboranalyse des fertigen Likörs liefern.

Klebeetikett oder Anhänger, beim Etikettieren sind Ihrer Fantasie keine Grenzen gesetzt.

SÜSSUNGSMITTEL

Liköre sind mal mehr, mal weniger süß. Die Süße kann aus verschiedenen Quellen stammen:
- Fruchtzucker der verwendeten Früchte (bei Kräutern kommt dieser nicht vor)
- Honig gibt dem Likör zusätzlich noch Geschmack und Farbe. Kann aber auch zu Niederschlägen führen.
- Haushaltszucker (Raffinade) ist eine einfache Art, den Likör zu süßen. Manchmal gibt es Schwierigkeiten, den Zucker zu lösen.
- Bei Kandiszucker handelt es sich um große Zuckerkristalle, die je nach Sorte eine braune Farbe haben. Die Kristalle lösen sich schwer, die braune Farbe macht den Likör unansehnlich. Früher war er weitverbreitet, heute ist er nicht mehr empfehlenswert.
- Zuckersirup oder Invertzucker: ein hochkonzentrierter gelöster Fruchtzucker und Glukose-Mischung mit angenehmer Süße. Er gibt dem Likör seine Sämigkeit und kann gut mit den weiteren Zutaten gemischt werden.
- Dicksäfte, Sirupe, aber auch Zuckerersatzstoffe können zum Süßen von Likör verwendet werden.

Grundrezept Invertzucker

420 ml Wasser und 1 kg Zucker erhitzen und unter Rühren auflösen. 1 Messerspitze Zitronensäure oder den Saft einer halben Zitrone in den kochenden Zuckersirup geben und 10 Minuten köcheln lassen. Durch die Zitronensäure und die Hitze spaltet sich der Mehrfachzucker in Fruktose und Glukose auf. Dieser Zuckersirup kristallisiert bei Lagerung nicht mehr aus.

WASSER

Natürliches Wasser ohne Beigeschmack mit einer geringen Wasserhärte ist zu empfehlen. Hohe Härtegrade führen zu Trübungen im Likör. Ist Ihr Leitungswasser zu hart, sollten Sie ein weiches, stilles Wasser verwenden.

KRÄUTER

Zur Likörbereitung können Sie frische oder getrocknete Kräuter verwenden. Je nach Art des Krautes ist der Geschmack von trockener Ware gegenüber der Frischware sehr unterschiedlich. In den Rezepten wird angegeben, wie die Kräuter vor der Verwendung bearbeitet werden sollen.

Einige der in den Rezepten verwendeten Pflanzen sind nicht jedem bekannt. Es dürfen immer nur einwandfrei bestimmte, also dem Sammler bekannte, Pflanzen verwendet werden. Vielleicht können Sie bei einer kräuterkundigen Person Ihr Wissen erweitern und lernen die Pflanzen zu bestimmen. Seminare und Führungen in Gärten und in der Natur werden in vielen Landkreisen von Naturschutzverbänden oder Volkshochschulen organisiert und finden sich sicher auch in Ihrer Umgebung. In den Rezepten wird auch die Verwendung getrockneter Pflanzen angegeben, die in Apotheken oder Drogerien erhältlich sind.

Neben Kräutern benötigen Sie Zucker, Alkohol und Wasser, um einen Likör zu kreieren.

Beim Sammeln in der Natur sollten Sie folgendes beachten:
- Nur zweifelsfrei bekannte Pflanzen sammeln.
- An unbelasteten Orten sammeln, nicht an Straßenrändern oder in der Nähe vielbefahrener Straßen, auch nicht an Gassiwegen von Hunden.
- Nicht in Landschafts- oder Naturschutzgebieten sammeln.
- Keine geschützten Pflanzen sammeln.
- Keine Privatgrundstücke betreten (oft kann man den Besitzer aber auch um Erlaubnis fragen).
- Pflanzen nicht nur an einem Ort abernten, sondern verstreut sammeln.
- Pflanzenteile (Blüten, Triebe, Blätter) nur in kleinen Mengen so sammeln, dass die Verbreitung der Pflanzen keinen Schaden nimmt.

Im Garten, aber auch bei Wildpflanzen, empfiehlt es sich, an trockenen Tagen im Laufe des späten Vormittags zu ernten. Die Pflanzen sollten trocken, aber noch nicht zu stark von der Sonne ausgetrocknet sein. Falls besondere Maßnahmen bei der Ernte nötig sind, wird in den Rezepten jeweils darauf hingewiesen.
Bodennah gewachsene Kräuter müssen gewaschen werden. Sie lassen sich anschließend gut abtrocknen, indem man sie auf einem sauberen Tuch auslegt und aufrollt. Wachsen die Kräuter aber höher, ist ein Waschen nicht unbedingt notwendig.
Das Zerkleinern und Weiterverarbeiten ist sehr unterschiedlich und wird jeweils im Rezept beschrieben.

BLÜTEN

Blüten sollte man immer frisch verwenden. Manchmal empfiehlt es sich, sie einige Stunden zu trocknen. Aber meist verlieren sie beim Trocknen oder Lagern den Duft. Spätestens einen Tag nach dem Sammeln sollten sie verarbeitet werden.
Wie auch bei den Kräutern, ist es manchmal notwendig sie zu waschen, dann gehen Sie wie bei den Kräutern vor. Aber falls die Blüten nicht unbedingt gewaschen werden müssen, sollte man es auch unterlassen.

GEWÜRZE

Meist verwendet man getrocknete Gewürze. Es kann sich dabei um Blätter, Samen, Wurzeln, oder Rinden handeln. Zerreiben, mörsern, zerdrücken oder zerschneiden sind Möglichkeiten, sie für die Likörbereitung vorzubereiten. Das wird in den Rezepten genau beschrieben.

SO WIRD LIKÖR GEMACHT

Die Zubereitung ist recht simpel. Alle Zutaten eines Likörs werden gemischt, anschließend gelagert und danach filtriert. Das Filtrat ist dann der fertige Likör.

In vielen Gegenden bezeichnet man Likör als „Aufgesetzten". Das ist auf das Einlegen von Früchten in Alkohol zurückzuführen. Im Sommer wurden Beeren und Früchte in Alkohol eingelegt und so konserviert. Meist wurde Kandiszucker zugegeben und dieser Ansatz in einem Glasballon in der Sonne zum Reifen gestellt. Im Herbst wurden die eingelegten Früchte abgepresst und der Likör war trinkfertig. Oft diente das Einlegen der Kräuter, Blüten und Gewürze in Alkohol zu Heilzwecken und durch die Zugabe von Früchten und Honig wurde der Ansatz angenehmer zu trinken. Heute werden die Früchte in Alkohol eingelegt und je nach Rezept einige Stunden bis einige Monate im Kühlen und Dunklen reifen gelassen.

In Gläsern mit großer Öffnung und Verschluss lassen sich die Kräuter gut ansetzen.

Kleine Trichter und schöne Flaschen eignen sich für das Abfüllen des Likörs.

Danach siebt man ab und zum Filtrat wird Zuckersirup zugegeben. Möglich ist auch, statt der Früchte Fruchtsaft zu verwenden, so kann sehr schnell ein Likör hergestellt werden.

Für Kräuterliköre greift man statt der Früchte zu Kräutern, Blüten oder Gewürzen. Durch das Süßen mit Zucker erübrigt sich die Zugabe von Früchten. Die Kunst ist es, die Aromen der Früchte oder Kräuter im Likör so zu lösen, dass ein hocharomatisches Getränk entsteht. Da Geschmack und Geruchsempfinden aber immer subjektiv sind, kann so ein Likör sehr unterschiedlich bewertet werden.

Für die Zubereitung von Likör braucht es nicht viele Gerätschaften, meist ist schon alles im Haushalt vorhanden. Zum Ansetzen kleinerer Mengen reichen weithalsige Flaschen oder Einmachgläser mit Schraubverschluss. Töpfe, Messbecher, Siebe, Trichter, eine Waage und Tücher zum groben Filtrieren werden auch benötigt. Für eine feine Filtrierung bedarf es eines Faltenfilters Nr. 3, den es im Kellerei- oder Brennereibedarf zu kaufen gibt. Werden größere Mengen hergestellt, findet man im Fachhandel auch die entsprechenden Gefäße und das passende Zubehör.

Um die Kräuter auszupressen ist ein sogenannter Presssack von Vorteil, kleinere Mengen können auch in einem Tuch ausgepresst werden. Bei der Herstellung ist auf das Arbeiten mit sauberen Materialien zu achten. Für die Hygiene ist das Tragen von Einmalhandschuhen wichtig. Darüber hinaus schützen Handschuhe die Hände vor dem Kontakt mit dem Alkohol und den Kräutern.

In den Rezepten werden jeweils zwei verschiedene Zutatenmengen angegeben, einmal für den Hausgebrauch (für 1 Liter Likör) und dann noch für all diejenigen, die Liköre in größeren Mengen produzieren (jeweils für 5 Liter Likör).

Mit einfachen Gerätschaften lässt sich ein klarer Likör herstellen. Dafür benötigen Sie Tücher, Sieb, Filter, Trichter und einen Messbecher.

DIE LIEBLICH-BLUMIGEN

Mein Tipp
Im Sektglas ca. 2 cl Likör und ein Stückchen Birne mit Schaumwein aufgießen und mit einem Minzeblatt dekorieren.

BIRNENBLÜTEN-VANILLE-LIKÖR

Ein bisschen schwer und kräftig schmeckt dieser Likör. Mit einem guten Birnenbrand unterstreichen Sie das Birnenaroma. Man könnte diesen Likör auch Birnenkuchenlikör nennen, denn er schmeckt nach Birnenkuchen.

Für 1 Liter		Für 5 Liter
100 g	Birnenblüten	500 g
2	Vanillestangen	10
½	unbehandelte Orange	2
500 ml	Birnenbrand (42–45 %)	2,5 l
400 ml	Birnensaft	2 l
300 g	Honig	1,5 kg

So geht's:

1. Birnensaft auf 40–60 °C erwärmen und den Honig darin auflösen. Die Orange dünn schälen. Orangenschale und die längs halbierten Vanillestange zugeben und abkühlen lassen. Den Sirup im Kühlschrank 4 Tage ziehen lassen. Danach absieben und bis zum Gebrauch dicht verschlossen und kühl aufbewahren.

2. Die Birnenblüten in den Birnenbrand einlegen und 1–2 Wochen zugedeckt stehen lassen.

3. Den Sirup und den Blütenansatz mischen und nach 1–2 Tagen durch ein Tuch gießen. Falls er nicht klar wird, muss der Likör durch einen Faltenfilter filtriert werden.

ERNTEN ODER KAUFEN

Birnenblüten sollen nur an eigenen Bäumen geerntet werden. Sie müssen frisch verarbeitet werden. Wer Birnenbäume besitzt, kann so schon früh überzählige Blüten verarbeiten und die verbleibenden Blüten bringen umso größere Früchte.

NACHREIFE UND HALTBARKEIT

Den Likör kann man sofort genießen, er ist aber auch nach 1 Jahr noch gut. Nach 2 Jahren können sich die Aromen nicht mehr halten und der Likör verliert die Birnenaromen, er wird dann schwerer im Geschmack und kann sogar buttrig werden.

ENTSPANNUNGSKRÄUTERLIKÖR

Richtig frisch und belebend schmeckt dieser Sommerlikör. Er entspannt und beruhigt nach körperlicher Arbeit.

ERNTEN ODER KAUFEN

Wer einen Garten hat, ist hier im Vorteil, doch einige der Zutaten findet man auch in der Natur (Frauenmantel, Brombeere, Mädesüß). Einige können auch getrocknet verwendet werden (Kamille, Lavendelblüten) und Ingwer gibt es immer frisch zu kaufen.

NACHREIFE UND HALTBARKEIT

Diesen Entspannungslikör sofort verbrauchen, da er frisch hergestellt am besten schmeckt. Nach 1 Jahr hat er seinen Pep verloren.

Für 1 Liter		Für 5 Liter
2 EL	Lavendelblüten	10 EL
1 EL	Kamillenblüten	5 EL
Je 2	Rosmarinzweige und Zitronenmelisse (ca. 15 cm)	Je 10
Je 1 Handvoll	Brombeer-, Frauenmantel-, Weißdornblätter und Mädesüßblüten	Je 30 g
1 Stück	Ingwer (2 × 2 cm)	5 Stücke
300 ml	Weißwein	1,5 l
300 ml	Pflaumenbrand (42–45 %)	1,5 l
400 ml	Invertzucker	2 l

So geht's:

1 | Die frischen Kräuter kurz kalt abwaschen, auf einem Tuch auslegen und damit aufrollen, kurz kräftig durchwalken. So werden die Kräuter trocken und weich. Die getrockneten Kräuter direkt verwenden.

2 | Alle Blüten und Kräuter sowie den Ingwer in den Weißwein geben und 1 Tag ziehen lassen.

3 | Den Rosmarin entfernen und den Pflaumenbrand zugeben. Gut durchschütteln und 1 weitere Woche ziehen lassen.

4 | Durch ein feines Tuch filtrieren und die Kräuter auspressen. Den Invertzucker zugeben, gut mischen und durch einen Faltenfilter klar filtrieren.

> **Mein Tipp**
>
> Ein Gläschen davon in einem Glas Apfelsaftschorle schmeckt sehr erfrischend.

FRÜHLINGSBLÜTENLIKÖR

Duftend, leichter Blütenlikör aus allem, was der Frühling uns an Blüten bietet. Er ist von feinem Geschmack und konserviert die Stimmung der ersten warmen Tage.

Für 1 Liter		Für 5 Liter
10 g	Frühlingsblüten, wie Schlüsselblumen, Veilchen, Lungenkraut, Taubnessel und Gundermann	50 g
2	Zitronen	10
300 ml	Alkohol (Trinkalkohol 96 %)	1,5 l
550 ml	Wasser	2,75 l
300 g	Zucker	1,5 kg

So geht's:

1 | Das Wasser erhitzen und den Zucker darin unter Rühren auflösen. Zitronen auspressen und den Saft zugeben. Den Sirup 10 Minuten leicht köcheln und danach abkühlen lassen.

2 | Die Blüten in den noch warmen (40–60 °C) Sirup unterrühren und 1 Tag zugedeckt ziehen lassen.

3 | Den Alkohol unterrühren und 1 weitere Woche im verschlossenen Gefäß stehen lassen.

4 | Den Ansatz durch ein feines Tuch filtrieren und dann in Flaschen abfüllen.

Mein Tipp

Es ist auch möglich, während der einwöchigen Lagerung weitere Blüten zum Ansatz dazuzugeben. Schlüsselblumen und Veilchen können als getrocknete Blüten verwendet werden, die frischen Blüten ergeben jedoch einen feineren Likör.

ERNTEN ODER KAUFEN

Frühlingsblumen finden sich entlang von Feldwegen, am Waldrand und am Wiesensaum oft in Mengen. Da viele Pflanzen unter Naturschutz stehen, sollte man sich vor dem Sammeln erkundigen, Schlüsselblumen sind z. B. geschützt, auch die Blüten sollten nicht gesammelt werden. Viele dieser Frühlingsblumen lassen sich auch im Garten anpflanzen.

NACHREIFE UND HALTBARKEIT

Der Likör ist gleich genießbar und verliert mit der Lagerung seine schöne Farbe, er wird dann bräunlich. Nach 1 Jahr sollte er verbraucht sein, da die duftigen, leichten Aromen dann verflogen sind.

FLIEDERLIKÖR

Duftiger Frühlingslikör für das Kaffeekränzchen an den ersten warmen Tagen des Jahres.

ERNTEN ODER KAUFEN

Wer einen Fliederstrauch besitzt, der hat auch viele Fliederblüten, deren Duft auch im Likör erhalten wird. Aber Achtung: Alle grünen Teile des Flieders sind giftig. Deshalb muss man es mit dem Abzupfen der Blüten sehr genau nehmen. Das Erhitzen des Blütensirups dient auch dazu, sicher alle Giftstoffe zu zerstören.

NACHREIFE UND HALTBARKEIT

Diesen besonderen Likör bald verbrauchen, da die Farbe schnell nachlässt. Der Geschmack bleibt weit über 1 Jahr erhalten, aber das Auge trinkt eben mit.

Für 1 Liter		Für 5 Liter
150 g	abgezupfte Fliederblüten	750 g
2	unbehandelte Zitronen	10
1	Vanillestange	5
200 ml	Weißwein	1 l
300 ml	Alkohol (Trinkalkohol 96 %)	1,5 l
300 ml	Wasser	1,5 l
250 g	Zucker	1,25 kg
100 g	Honig	500 g

So geht's:

1 | Die Fliederblüten abzupfen, 1 Zitrone in Scheiben schneiden und die Vanillestange längs aufschneiden. Alles mit dem Weißwein übergießen und mit einem Teller beschweren, so dass die Blüten in den Wein gedrückt werden. 1 Tag zugedeckt stehen lassen.

2 | Das Wasser mit dem Zucker aufkochen. 1 Zitrone in Scheiben schneiden und zugeben. 10 Minuten köcheln lassen.

3 | Den Sirup noch heiß mit dem Fliederblütenansatz mischen und 20 Minuten auf 80 °C erhitzen. Nicht kochen lassen und ständig umrühren.

4 | Den Sirup heiß durch ein Tuch filtrieren und den Honig untermischen. Nach dem Abkühlen den Alkohol zugeben.

5 | Den Likör durch einen Faltenfilter filtrieren und sofort in Flaschen abfüllen. Die Flaschen dunkel und kühl aufbewahren.

Mein Tipp
Je dunkler und intensiver die Farbe des Flieders, umso schöner wird die Farbe des Likörs.

Mein Tipp

Einige kleine, feste und schön dunkelrote Hagebutten in etwas Obstwasser einlegen und dann in die Likörfläschchen als Deko geben.

HECKENROSENLIKÖR

Ein blumig-duftender Likör, der drei Jahreszeiten in einer Flasche vereint. Für Liebhaber leichter, lieblicher Liköre genau das Richtige.

Für 1 Liter		Für 5 Liter
50 g	frische Heckenrosenblätter	250 g
350 ml	Obstwasser (40–42 %)	1,75 l
1 Handvoll	Heckenrosenblüten	5 Handvoll
50 g	reife, rote Hagebutten (Heckenrosenfrüchte)	250 g
500 ml	lieblicher Weißwein	2,5 l
300 g	Honig	1,5 kg

So geht's:

1 | Jung und unausgereifte Blätter im Frühjahr sammeln und in einem Plastikbeutel kurz durchdrücken. Danach mit dem Obstwasser übergießen und 2–3 Tage ziehen lassen.

2 | Den Ansatz abseihen und die Ansatzflüssigkeit kühl, dunkel und gut verschlossen reifen lassen.

3 | Die Blüten abgezupft (also ohne den Blütenboden) in den gelagerten Ansatz geben und bis zur Fertigstellung darin ziehen lassen.

4 | Im Herbst die Hagebutten ernten, kalt abwaschen, zerdrücken und zum Ansatz geben.

5 | Nach ca. 6 Wochen den Ansatz abseihen und auspressen. Den Honig im leicht erwärmten Weißwein auflösen und zugeben.

6 | Den Ansatz noch mindestens 2 Wochen reifen lassen (dunkel, kühl und verschlossen). Danach haben sich die Trübstoffe von Ansatz und Honig abgesetzt. Den Likör durch einen Faltenfilter oder ein feines Tuch filtrieren.

ERNTEN ODER KAUFEN

Heckenrosen wachsen in vielen Gärten und an Wald- und Feldrändern. Wichtig ist, dass die Hagebutten schön dunkel und weich, aber noch nicht matschig sind. Getrocknete Alternativen sind nicht zu empfehlen. Da die Heckenrose einen enormen Wachstumsdrang hat, muss man sich bei der Ernte der Blätter und Früchte keine Gedanken um den Erhalt der Pflanze machen.

NACHREIFE UND HALTBARKEIT

Dieser Likör schmeckt sofort sehr gut und verliert seinen Geschmack mit der Lagerung kaum. Die rote Farbe verändert sich aber stark, so dass er nach 1 Jahr eher bräunlich ist.

HEIDELBEERBLÄTTERLIKÖR

Erstaunlich fruchtiger Likör, der sehr mild und dunkel ist.

ERNTEN ODER KAUFEN

Die jungen Blätter der Heidelbeere sammelt man am besten im lichten Hochwald, bevorzugt an den oberen Zweigen großer Heidelbeersträucher. Sie lassen sich leicht ernten und werden von kleineren Wildtieren nicht berührt.

NACHREIFE UND HALTBARKEIT

Den dunkelvioletten Likör ruhig gleich verbrauchen. Er ist zwar lange haltbar, schmeckt jedoch frisch am fruchtigsten.

Für 1 Liter		Für 5 Liter
3 Handvoll	abgezupfte junge Heidelbeerblätter	150 g
½	Zitrone	2
1	Vanillestange	5
600 ml	Pflaumenbrand (42–45 %)	3 l
400 ml	Invertzucker	2 l

So geht's:

1 | Die Blätter waschen und mit einem Tuch abtrocknen.

2 | Die Vanillestange längs halbieren und die Zitrone auspressen.

3 | Heidelbeerblätter, Vanillestange und Zitronensaft in den Pflaumenbrand geben und 6 Wochen gut verschlossen im Dunkeln ziehen lassen.

4 | Den Ansatz abseihen und den Invertzucker unterrühren. Den Likör weitere 3–6 Wochen reifen lassen. Danach durch einen Faltenfilter filtrieren und in Flaschen abfüllen.

Mein Tipp

Der verwendete Pflaumenbrand trägt natürlich auch sein Aroma in den Likör. Hier empfehle ich die schön parfümierte Löhrpflaume, aber auch die fruchtige Wagenstädter Pflaume ist gut geeignet.

KAMILLEN-YSOP-LIKÖR

Ein „gesunder" Likör für den Kamillenfreund, leicht herb und trotzdem mit starkem Kamillenaroma. Nicht jeder mag das, aber es macht Freude, jeden Tag etwas Neues auszuprobieren!

Für 1 Liter		Für 5 Liter
80 g oder 50 g	frische Kamillenblüten getrocknete Kamillenblüten	400 g 250 g
5 Zweige	Ysop (ca. 15 cm lang)	25
1 Zweig	Zitronenmelisse	5
1	unbehandelte Zitrone	5
550 ml	Johannisbeergeist (42–45 %) (alternativ Birnenbrand)	2,75 l
300 ml	Wasser	1,5 l
300 g	Zucker	1,5 kg

So geht's:

1 | Die Zitrone in dünne Scheiben schneiden. Das Wasser erhitzen, den Zucker darin auflösen und die Zitrone dazugeben. 10 Minuten köcheln lassen.

2 | Die Kräuter in den heißen Zuckersirup geben, unterrühren und zugedeckt abkühlen und 1 Tag stehen lassen.

3 | Den Sirup durch ein feines Tuch gießen und den Alkohol unterrühren. 3–6 Wochen gut verschlossen ruhen lassen.

4 | Den Likör durch einen Faltenfilter filtrieren und dann in Flaschen abfüllen.

ERNTEN ODER KAUFEN

Die echte Kamille wächst oft auf Brachflächen oder an Feldrändern. Leider sind die Kamillen auch oft von Schadstoffen und Spritzmitteln belastet. Besser ist es, getrocknete Kamillen zu verwenden, außer man hat sie im eigenen Garten.

NACHREIFE UND HALTBARKEIT

Gerne darf der Likör vor dem Verehr 6 Monate lagern, aber auch jung getrunken schmeckt er sehr gut.

Mein Tipp

Beim Wandern empfiehlt es sich, ein Fläschchen des Likörs dabei zu haben. Er hilft auch bei fast allen kleinen Zipperlein unterwegs.

KASTANIENBLÜTENLIKÖR

Interessant machen diesen Likör der nussige Geschmack und sein leichtes Kastanienaroma. Die Natur bietet viele Aromen, man muss sie nur suchen.

ERNTEN ODER KAUFEN

Erst zu Beginn des Sommers, Anfang Juni blüht die Esskastanie, deren Blüten wir verwenden. Die Rosskastanie ist nicht essbar und sogar in größeren Mengen giftig.

NACHREIFE UND HALTBARKEIT

Kastanienblütenlikör reift noch 2 Jahre nach, hat jedoch in jedem Stadium ein sehr feines Aroma. Alles Natürliche verändert sich, auch das ist für uns ein Merkmal von guter Qualität.

Für 1 Liter		Für 5 Liter
150 g	frische Esskastanienblüten	750 g
2	Zitronen	10
350 ml	Alkohol (Trinkalkohol 96 %)	1,75 l
500 ml	Wasser	2,5 l
300 g	Kastanienhonig	1,5 kg

So geht's:

1 | 400 ml Wasser mit dem Alkohol mischen und die Kastanienblüten darin einlegen. 1–3 Wochen verschlossen ziehen lassen und ab und zu schütteln.

2 | Die Blüten absieben, mit 100 ml Wasser übergießen und auspressen.

3 | Die Flüssigkeiten mischen, den Honig und den Saft der ausgepressten Zitronen dazugeben. Kräftig durchschütteln, bis sich der Honig gelöst hat.

4 | Den Likör 6–8 Wochen reifen lassen, dann durch einen Faltenfilter filtrieren und in Flaschen abfüllen.

Mein Tipp

Der Kastanienblütenlikör aufgegossen mit der 6-fachen Menge Sekt ist ein beliebter Aperitif.

Mein Tipp
Kleeblüten gibt es in großer Vielfalt und in vielen Farben. Ein Kleeblütensträußchen auf dem Tisch unterstreicht das geschmackliche Erlebnis.

KLEEBLÜTENLIKÖR

Ganz zart und doch intensiv nach Blüten und Nektar schmeckt der Kleeblütenlikör. Früher trank man ihn nur zu besonderen Anlässen.

Für 1 Liter		Für 5 Liter
3 Handvoll	frische Kleeblüten	150 g
1 Handvoll	abgezupfte frische Taubnesselblüten	50 g
1	Zitrone	5
300 ml	Alkohol (Trinkalkohol 96 %)	1,5 l
500 ml	roter Johannisbeersaft (alternativ Apfelsaft)	2,5 l
100 g	Zucker	500 g
300 g	Honig	1,5 kg

So geht's:

1 | Den Saft erhitzen und den Zucker darin auflösen. Die Zitrone auspressen. Kurz vor dem Kochen den Zitronensaft zugeben und 10 Minuten zugedeckt köcheln lassen.

2 | In den noch lauwarmen Sirup (40–60 °C) die Blüten und den Honig geben und 2 Tage ziehen lassen. Während dieser Zeit ab und zu umrühren.

3 | Den Alkohol langsam unterrühren und den Ansatz 6 Wochen reifen lassen.

4 | Den Likör durch ein feines Tuch sieben und die Blüten auspressen. Anschließend durch einen Faltenfilter filtrieren, um den Likör weitgehend klar zu bekommen.

ERNTEN ODER KAUFEN

Kleeblüten findet man in rauen Mengen, aber oft nur auf intensiv gedüngten Kleewiesen. Es ist nicht leicht, unbelastete Kleewiesen zu finden, da aber alle Kleesorten verwendet werden können, lohnt sich die Suche.

NACHREIFE UND HALTBARKEIT

Wenn dieser Likör älter als 2 Jahre ist, hat er seinen Blütenduft verloren und es bleibt weitgehend nur der Honiggeschmack übrig. Deshalb nicht lange warten, sondern genießen.

KÖNIGSKERZEN-RINGELBLUMEN-LIKÖR

Durch die Blüten der Königskerze bekommt der Likör einen zarten Schmelz und fast schon leicht cremig fließt er durch den Gaumen. Die Ringelblumenblüten verleihen ihm einen etwas aufdringlicheren Duft.

ERNTEN ODER KAUFEN

Königskerzen und Ringelblumen sind Bauerngartenblumen, die sich gerne im etwas ungepflegteren Garten tummeln. Sie versamen sich selbst und suchen sich auch selbst ihren Standort im Garten aus. In getrockneter Form werden beide Blüten in Apotheken und Drogerien angeboten.

NACHREIFE UND HALTBARKEIT

Frisch serviert ist dieser Likör wegen seiner schönen Farbe ein Augenschmaus. Nach 1–2 Jahren hat er seine Strahlkraft verloren, aber an Aromen gewonnen. Also ein Likör, der ruhig erst nach 2 Jahren verzehrt werden kann.

Für 1 Liter		Für 5 Liter
100 g	frische Königskerzenblüten	500 g
oder 15 g	getrocknete Königskerzenblüten	75 g
20 g	frische Ringelblumenblüten	100 g
oder 5 g	getrocknete Ringelblumenblüten	25 g
500 ml	Kornbrand oder Wodka (40–45 %)	2,5 l
200 ml	klarer Apfelsaft	1 l
300 ml	Invertzucker	1,5 l

So geht's:

1. Die Blüten mit kochendem Apfelsaft übergießen und 1–2 Stunden ziehen lassen.

2. Den Ansatz mit dem Alkohol vermischen. Verschlossen, dunkel und kühl 2–6 Wochen reifen lassen.

3. Den Ansatz durch ein feines Tuch abseihen und den Ansatz mit dem Invertzucker vermischen.

Mein Tipp

Die Blüten der Königskerze halten nur 1 Tag und Ringelblumen treiben viel mehr, wenn die Blüten entfernt werden. Deshalb braucht man bei der Ernte nicht kleinlich sein, die Mengen an Blüten können ruhig auch erhöht werden.

LAVENDELBLÜTENLIKÖR

Wie der Süden schmeckt dieser Likör, man hat Lavendelfelder vor dem inneren Auge. Der Lavendelgeschmack harmoniert prima mit dem Rotweinaroma.

Für 1 Liter		Für 5 Liter
50–80 g	Lavendelblüten (frisch oder getrocknet)	250–400 g
400 ml	Tresterbrand (40–45 %)	2 l
300 ml	kräftiger Rotwein	1,5 l
300 ml	Invertzucker	1,5 l

So geht's:

1 | Die Lavendelblüten im vollen Blühstadium schneiden und vom Stängel abstreifen. Den Rotwein leicht erwärmen (ca. 40 °C) und die Blüten darin einweichen. Den Ansatz 1 Tag verschlossen stehen lassen.

2 | Den Tresterbrand und die Zuckerlösung unterrühren. 1–2 Wochen ziehen lassen.

3 | Den Likör absieben und durch einen Faltenfilter filtrieren.

ERNTEN ODER KAUFEN

Lavendelblüten können Sie im eigenen Garten ernten, sie werden aber auch auf Märkten angeboten. Oft werden blühende Lavendelpflanzen allerdings als Zierpflanzen verkauft, dann sind sie nicht zum Verzehr geeignet, aber nach einem Jahr im Garten können sie auch abgeerntet werden.

NACHREIFE UND HALTBARKEIT

Dieser Likör hat anfangs eine tolle bläuliche Farbe, die leider mit der Zeit verloren geht. Deshalb ist er am schönsten frisch serviert, aber am geschmackvollsten nach 1 Jahr.

Mein Tipp

Lavendel gedeiht gut an trockenen heißen Stellen im Garten und fühlt sich deshalb auch im Kübel wohl. Der Rückschnitt in der Hauptblüte erzeugt einen kompakten Wuchs und eine Nachblüte im August.

LINDENBLÜTENLIKÖR

Angenehm süßlich, teeartig und ein bisschen nach Heu – so empfindet man den Geschmack dieses Sommerlikörs.

ERNTEN ODER KAUFEN

Die Blüten findet man im Juni in rauen Mengen. Bei schönem Wetter brummt der Baum von tausenden Bienen und zwischen 9 und 12 Uhr bei trockenem Wetter ist der beste Zeitpunkt für die Ernte.

NACHREIFE UND HALTBARKEIT

Um diesen Likör brauchen Sie sich nicht zu sorgen, er ist nach 2 Jahren noch gut zu trinken. Deshalb darf er gerne auf Vorrat hergestellt werden.

Für 1 Liter		Für 5 Liter
100 g	Lindenblüten	500 g
1	unbehandelte Zitrone	5
400 ml	Apfelbrand (42–45 %)	2 l
450 ml	Wasser	2,25 l
300 g	Zucker	1,5 kg

So geht's:

1 | Wasser erhitzen und den Zucker darin auflösen. Die Zitrone in Scheiben schneiden, zugeben und 10 Minuten köcheln lassen.

2 | Die Lindenblüten in den noch warmen Sirup (40–50 °C) rühren und 1 Tag zugedeckt ziehen lassen.

3 | Den Apfelbrand hinzufügen und 1 weiteren Tag ziehen lassen.

4 | Den Ansatz durch ein feines Tuch filtrieren und dann in Flaschen abfüllen.

Mein Tipp

Es eignen sich die Blüten der Sommer- und der Winterlinde. An den tiefhängenden Ästen lassen sich genügend Blüten ernten, ohne dem Baum zu schaden.

LÖWENZAHNBLÜTENLIKÖR

Wer den Frühling einfangen will, sollte diesen leicht säuerlichen, blumigen Likör herstellen.

Für 1 Liter		Für 5 Liter
150 g	Löwenzahnblüten	750 g
1	unbehandelte Zitrone	5
250 ml	Alkohol (Trinkalkohol 96 %)	1,25 l
450 ml	Wasser	2,25 l
500 g	Zucker	2,5 kg

So geht's:

1 | Das Wasser und den Zucker unter Rühren aufkochen. Die Zitrone in Scheiben schneiden und zugeben. Alles 10 Minuten köcheln.

2 | Die abgezupften Löwenzahnblüten (nur das Gelbe der Blüten ohne den Blütenboden) in den heißen Sirup geben und zugedeckt abkühlen lassen.

3 | Den Alkohol vorsichtig unter den abgekühlten Löwenzahnsirup mischen. Den Ansatz 2–3 Tage im Dunkeln gut verschlossen stehen lassen.

4 | Den Ansatz zuerst durch ein feines Tuch und anschließend durch einen Faltenfilter filtrieren.

ERNTEN ODER KAUFEN

Löwenzahnblüten gibt es Anfang Mai im Überfluss, so dass die Ernte nicht schwerfällt. Meist wächst er aber auf stark gedüngten Wiesen, deshalb sollten sie auf nicht bewirtschafteten Flächen gesammelt werden.

NACHREIFE UND HALTBARKEIT

Dieser Likör hat zwar nicht viel Farbe, dafür aber viel Geschmack. Er ist 2 Jahre gut haltbar, dafür aber auch nach 3 Jahren noch ein Genuss.

Mein Tipp

Beim Sammeln und Abzupfen der Blüten sollten Einmalhandschuhe getragen werden, da die Milch des Löwenzahns braune Flecken auf der Haut hinterlässt.

MALVENLIKÖR

Fast schon cremig wird der Likör durch die Malvenblüten, die Aromen sind eher seifig-zart. Der Malvenlikör schmeichelt dem Rachen und erfreut das Auge mit seiner intensiven Farbe.

🌱 ERNTEN ODER KAUFEN

Unter Malven versteht man verschiedene Pflanzen: Stockrosen, Käsepappelmalve und Eibisch gehören dazu. Sie alle lassen sich für diesen Likör verwenden. Besonders aber empfehle ich die Mauretanische Malve, die mit ihren dunkelvioletten Blüten zum Geschmack auch noch die intensive Farbe liefert.

🍶 NACHREIFE UND HALTBARKEIT

Der Likör ist 2 Jahre haltbar, verliert aber im Licht bald die Farbe, doch der Geschmack bleibt erhalten.

Für 1 Liter		Für 5 Liter
70–80 g	Malvenblüten	350–400 g
250 ml	Alkohol (Trinkalkohol 96 %)	1,25 l
1	unbehandelte Zitrone	5
500 ml	Wasser	2,5 l
500 g	Zucker	2,5 kg

So geht's:

1 | Wasser und Zucker unter Rühren aufkochen. Die Zitrone in dünne Scheiben schneiden und zugeben. Den Sirup 10 Minuten leicht köcheln lassen. Danach abkühlen lassen.

2 | Die Blüten in den lauwarmen Sirup geben und unterheben. Zugedeckt 1 Tag stehen lassen.

3 | Den Alkohol unter den Sirup rühren und den Ansatz 1 Woche im Dunkeln ziehen lassen.

4 | Den Likör absieben, falls nötig mit dem Faltenfilter filtrieren und in Flaschen abfüllen. Dunkel und kühl aufbewahren.

Mein Tipp

Der Likör lässt sich beim Servieren schön mit frischen Malvenblüten dekorieren. Fast den ganzen Sommer über findet man Malven im Garten und in der Natur.

MÄDESÜSSLIKÖR

Die Blüte des Mädesüß verleiht dem Likör einen intensiven Duft und ein eigenwilliges, honigartiges Aroma. Der Likör passt gut zu Zitroneneis und schmeckt im Sommer mit Eiswürfeln.

Für 1 Liter		Für 5 Liter
150 g	frische Mädesüßblüten	750 g
1	unbehandelte Zitrone	5
¼	Vanillestange	1
300 ml	Alkohol (Trinkalkohol 96 %)	1,5 l
500 ml	Wasser	2,5 l
300 g	Zucker	1,5 kg
100 g	Honig	500 g

So geht's:

1 | Das Wasser erhitzen und den Zucker darin auflösen. Die Zitrone in Scheiben schneiden, zugeben und 10 Minuten köcheln lassen.

2 | Die abgezupften Mädesüßblüten (nur die geöffneten Blüten) mit der Vanillestange in den heißen Sirup geben und zugedeckt leicht abkühlen lassen. Dann den Honig darin auflösen.

3 | Den Alkohol vorsichtig unter den abgekühlten Sirup mischen. Den Ansatz 2–3 Wochen ziehen lassen.

4 | Den Likör durch ein feines Tuch sieben und auspressen. Durch einen Faltenfilter fein filtrieren und in Flaschen abfüllen.

ERNTEN ODER KAUFEN

Mädesüß wächst überall dort, wo es genug Feuchtigkeit gibt, z. B. auf feuchten Sommerwiesen. Mit Blüten, die wie Schäfchenwolken auf langen Stielen sitzen, eignet sie sich auch als dankbare Wildstaude im Garten.

NACHREIFE UND HALTBARKEIT

Mädesüßlikör wird durch die Lagerung runder, aber auch bräunlicher. Er hält sich bis zu 2 Jahre und verliert danach langsam an Aroma.

Mein Tipp

Mädesüßblüten können wie auch Holunderblüten in Pfannkuchenteig ausgebacken werden. Mit Mädesüßlikör beträufelt, mit Zimt bestäubt und mit Erdbeerkompott serviert ein außergewöhnlich feiner Nachtisch.

PIMPERNELLE-RINGELBLUMEN-LIKÖR

Mit leichtem Anisgeschmack und einem etwas cremigen Eindruck auf der Zunge ist der Likör etwas gewagt in der Komposition, also nur für Entdeckernaturen gedacht.

ERNTEN ODER KAUFEN

Die Bibernelle und die Pimpernelle sind zwei sehr unterschiedliche Pflanzen. Es werden hier beide verwendet, nämlich die roten Blütenknöpfe der Pimpernelle und die Wurzel und Blätter der Bibernelle. Die Aromen der Ringelblumen verfeinern den Likör und wirken ausgleichend.

NACHREIFE UND HALTBARKEIT

Nach einem halben Jahr schmeckt er noch sehr kantig, nach 1 Jahr ist er angenehm, nach 2 Jahren wird er süffig.

Für 1 Liter		Für 5 Liter
1 Handvoll	Junge Bibernellblätter (*Pimpinella saxifraga*)	50 g
10 g	Bibernellwurzel getrocknet	50 g
30 g	Pimpernellblüten (*Sanguisorba*)	150 g
40 g	Ringelblumenblüten	200 g
2	unbehandelte Zitronen	10
600 ml	Apfelbrand (42–45 %)	3 l
400 ml	Invertzucker	2 l

So geht's:

1 | Die Kräuter und Blüten in den Apfelbrand geben. Die Zitronen in Scheiben schneiden, hinzufügen und 1 Woche zugedeckt ziehen lassen.

2 | Den Ansatz durch ein feines Tuch sieben und die Blätter auspressen. Danach den Invertzucker untermischen und den Likör 6 Monate reifen lassen.

3 | Bevor der Likör abgefüllt wird, durch einen Faltenfilter klar filtrieren.

Mein Tipp

Können Sie die Bibernelle nicht sicher bestimmen, dann bitte die frischen Bibernellblätter einfach weglassen oder durch Zitronenmelisse ersetzen.

Mein Tipp

Rosensorten sind sehr unterschiedlich in Duft und Farbe. Besonders gut eignet sich die Damaszenerrose „Rose de Resht", die stark duftet und eine schöne himbeerrote Farbe hat.

ROSENLIKÖR

Überraschend ist es schon, wenn sich so unterschiedliche Aromen vereinen. Ganz neue Geschmacksnoten entstehen – wie beim Würzen eines Gerichtes.

Für 1 Liter		Für 5 Liter
80–100 g	Rosenblüten	400–500 g
1	Zitrone	5
3 Prisen	frisch gemahlener Pfeffer (auch rosa Pfefferbeeren eignen sich gut)	15
250 ml	Alkohol (Trinkalkohol 96 %)	1,25 l
600 ml	Wasser	3 l
300 g	Zucker	1,5 kg

So geht's:

1 | Rosenblüten abzupfen. Die Zitrone auspressen und den Zitronensaft mit den Blütenblättern vermengen. Die feuchten Blüten mit einem Teller beschweren und 1 Tag ziehen lassen.

2 | Den Zucker mit dem Wasser aufkochen, leicht abkühlen lassen (ca. 40 °C) und die Blüten-Zitronen-Mischung zugeben.

3 | Den Pfeffer frisch mahlen und zu dem lauwarmen Sirup zugeben. Den Sirup verschlossen abkühlen lassen.

4 | Den Alkohol langsam einrühren und den Likör 1 Woche ziehen lassen.

5 | Die Blätter absieben und falls nötig den Likör durch einen Faltenfilter filtrieren.

ERNTEN ODER KAUFEN

Rosenblüten ernten ist eine wunderschöne Arbeit, vor allem wenn es sich um Duftrosen handelt. Es müssen frische Blüten sein, denn den Duft verlieren sie weitgehend beim Trocknen.

NACHREIFE UND HALTBARKEIT

Ein Likör für den sofortigen Verbrauch, da das zarte Rosenaroma leicht flüchtig und nicht lange haltbar ist. Er verdirbt nicht, aber nach 1 Jahr hat er seinen Duft verloren.

SCHLÜSSELBLUMENLIKÖR

Dieser Likör war früher der Schatz im Keller der Bäuerin, weil er besonders sanft und blumig schmeckt. Schlüsselblumenduft ist zart und leicht und deshalb ist dieser Likör eine Rarität im Likörschränkchen.

ERNTEN ODER KAUFEN

Schlüsselblumen werden getrocknet angeboten, doch für diesen Likör werden frische Blüten benötigt, da nur sie duften. Man kann nur empfehlen, im Garten ein Schlüsselblumenbeet anzulegen, da die Pflanzen nicht in der Natur gesammelt werden dürfen. Dort würden wir die erforderlichen Mengen an Blüten auch nicht finden. Schlüsselblumen vermehren sich stark, so dass im Garten bald genügend Blüten wachsen werden.

NACHREIFE UND HALTBARKEIT

Dieser schöne gelbe Likör ist lange haltbar und verliert Geschmack und Farbe nur langsam. Länger als 2 Jahre sollte er aber nicht gelagert werden.

Für 1 Liter		Für 5 Liter
100 g	frische Schlüsselblumenblüten	500 g
1	Zitrone	5
300 ml	Alkohol (Trinkalkohol 96 %)	1,5 l
500 ml	Wasser	2,5 l
400 g	Zucker	2 kg

So geht's:

1 | Das Wasser erhitzen und den Zucker darin unter Rühren auflösen. Die Zitrone auspressen und den Saft zugeben. Den Sirup 10 Minuten leicht köcheln und danach abkühlen lassen.

2 | Die Blüten in den noch warmen Sirup (40–60 °C) rühren und 1 Tag zugedeckt ziehen lassen.

3 | Anschließend den Alkohol unterrühren und 1 weitere Woche im verschlossenen Gefäß stehen lassen.

4 | Den Ansatz durch ein feines Tuch filtrieren, in Flaschen abfüllen.

Mein Tipp

Die duftende Schlüsselblume gedeiht als Staude sehr gut im Garten. Sie duftet am intensivsten vormittags zwischen 9 und 12 Uhr. In diesem Zeitraum sollte man sie auch ernten.

SPRINGKRAUTLIKÖR

Ein Nektarlikör, dessen süßlicher Geschmack manchmal sogar etwas aufdringlich wirkt.

Für 1 Liter		Für 5 Liter
2 EL	Springkrautsamen	10 EL
50 g	Springkrautblüten	250 g
1 Zweig	Zitronenmelisse	5 Zweige
1	Vanillestange	5
300 ml	Alkohol (Trinkalkohol 96 %)	1,5 l
250 ml	klarer Apfelsaft	1,25 l
300 ml	Wasser	1,5 l
300 g	Zucker	1,5 kg

So geht's:

1 | Den Springkrautsamen mörsern und die Vanillestange längs halbieren, zusammen mit den Blüten und dem Apfelsaft in den Alkohol geben. 1 Tag zugedeckt im Dunkeln ziehen lassen und anschließend durch ein Tuch sieben und auspressen.

2 | Aus Wasser und Zucker einen Sirup kochen und mit dem Zitronenmelissenzweig abkühlen lassen.

3 | Die Ansatzflüssigkeit und den Sirup mischen und durch einen Faltenfilter klar filtrieren.

ERNTEN ODER KAUFEN

Das Japanische Springkraut wächst bei uns invasiv und muss eigentlich dezimiert werden. Das Ernten der Blüten und der Samen trägt dazu ein klein wenig bei. Die Samen lassen sich mit übergestülpten Tüten einfangen, trotzdem braucht es einige Zeit, die erforderliche Menge zu sammeln.

NACHREIFE UND HALTBARKEIT

Der Springkrautlikör sollte bald aufgebraucht werden. Nach 1 Jahr hat er sein starkes Aroma verloren.

Mein Tipp

Japanisches Springkraut ist eine wunderschöne Blütenpflanze, die in vielen rötlich bis violetten Farben blüht. Je kräftiger die Blüten gefärbt sind, umso intensiver ist die Farbe des Likörs.

SÜSSDOLDENLIKÖR

Anisähnlich, jedoch viel zarter, fast wie Lakritze schmeckt die Süßdolde und deshalb eignet sie sich wunderbar für die Likörherstellung.

ERNTEN ODER KAUFEN

Süßdolde ist eine dekorative Staude, deren Blätter, Blüten und Samen verwendet werden. Wahrscheinlich werden Sie die Pflanze selbst anbauen müssen, denn im Handel wird sie fast nicht angeboten.

NACHREIFE UND HALTBARKEIT

Gerne kann der Likör sofort verbraucht werden. Aber auch nach 1 Jahr Lagerung hat er nicht viel an Geschmack verloren.

Für 1 Liter		Für 5 Liter
100 g	Süßdoldenblätter und -blüten	500 g
1 EL	Süßdoldensamen	5 EL
1	Zitrone	5
1	Grapefruit	5
500 ml	Kräutergeist (42–45 %)	2,5 l
350 ml	Wasser	1,75 l
300 g	Zucker	1,5 kg

So geht's:

1 | Das Wasser erhitzen und den Zucker darin auflösen. Zitrone auspressen, zugeben und 10 Minuten köcheln lassen.

2 | Die Grapefruit auspressen. Die Süßdoldensamen hacken oder mörsern. Süßdoldenblätter, Samen und Grapefruitsaft in den noch warmen Zuckersirup (40–60 °C) geben. Zugedeckt 1 Tag stehen lassen.

3 | Den Kräutergeist zugeben und weitere 3 Wochen in einem verschlossenen Gefäß ziehen lassen.

4 | Den Likör durch einen Faltenfilter filtrieren und anschließend in Flaschen abfüllen.

Mein Tipp
Serviert mit einem Stück Grapefruit im Glas und etwas Mineralwasser aufgegossen sehr erfrischend.

VEILCHENLIKÖR

Eine Rarität, die sicher jeden Likörliebhaber durch den zarten Blütenduft begeistert.

Für 1 Liter		Für 5 Liter
100 g oder 40 g	frische Veilchenblüten getrocknete Blüten	500 g 200 g
2	Zitronen	10
¼	Vanillestange	1
300 ml	Alkohol (Trinkalkohol 96 %)	1,5 l
450 ml	Wasser	2,25 l
300 g	Zucker	1,5 kg

So geht's:

1 | Das Wasser erhitzen und den Zucker darin unter Rühren auflösen. Zitronen auspressen und den Saft zugeben. Den Sirup 10 Minuten leicht köcheln und danach abkühlen lassen.

2 | Blüten und Vanillestange in den noch warmen Sirup (40–60 °C) rühren und 1 Tag zugedeckt ziehen lassen.

3 | Nun den Alkohol zugeben und den Ansatz 1 Woche im verschlossenen Gefäß stehen lassen.

4 | Den Likör durch ein feines Tuch filtrieren und sofort in kleine Flaschen abfüllen. Dunkel und gut verschlossen so kühl wie möglich aufbewahren.

Mein Tipp

Es gibt viele verschiedene Veilchen, die alle für den Likör verwendet werden können. Auch das Ackerveilchen ist geeignet, es blüht fast das ganze Jahr und kann als essbare Dekoration in ein Gläschen mit Veilchenlikör gegeben werden. Doch das Duftveilchen bringt den intensivsten Duft in den Likör.

ERNTEN ODER KAUFEN

Manchmal wachsen sie in Unmengen an frisch abgeholzten Heckenstreifen und das ist die Gelegenheit, einen Veilchenlikör zuzubereiten, denn es kann Jahre dauern, bis die Gelegenheit wiederkommt. Die Blüten am besten vormittags ernten und dabei die Pflanze mit ihren leichten Wurzeln nicht ausreißen.

NACHREIFE UND HALTBARKEIT

Die schöne blau-violette Farbe der Veilchen ist von Natur aus nicht lange haltbar, der Geschmack schon eher. Es ist besser, den Likör nicht länger als 9 Monate zu lagern, da er an Schönheit verliert. Seinen Geschmack behält er länger und auch mit seiner älteren braunen Farbe ist er noch ein Genuss.

WALDMEISTERLIKÖR

Der Waldmeister hat ein sehr intensiv nussiges Aroma, das sich besonders zum Aromatisieren von Cocktails oder Bowlen eignet.

ERNTEN ODER KAUFEN

Waldmeister enthält Cumarin, eine Substanz, die nur in geringen Mengen aufgenommen werden sollte. Damit sich wenig Cumarin löst, wird das Kraut nur kurz in Alkohol eingetaucht. Waldmeister wächst wild im Wald. Im schattigen Garten ist er ein zuverlässiger Bodendecker. Es werden die oberen drei Blattrosetten vor der Blüte geerntet.

Für 1 Liter		Für 5 Liter
1 Strauß	Waldmeister (ca. 15 Stiele)	5 Sträußchen
2	Zitronen	10
300 ml	Alkohol (Trinkalkohol 96 %)	1,5 l
450 ml	Wasser	2,25 l
500 g	Zucker	2,5 kg

So geht's:

1 | Wasser erhitzen und den Zucker darin unter Rühren auflösen. Die Zitronen auspressen und den Saft zugeben. Den Sirup 10 Minuten leicht köcheln und danach abkühlen lassen.

2 | Den Alkohol in den Sirup rühren und den Strauß Waldmeister an einer Schnur 2 Stunden in den Likör hängen.

3 | Den Likör 6 Monate reifen lassen und danach abfüllen.

NACHREIFE UND HALTBARKEIT

Ein Lagerlikör, denn je älter, umso harmonischer wird er. Frisch ist der Likör etwas aufdringlich, was sich mit der Zeit aber gibt.

> **Mein Tipp**
>
> In die Sahne einer Erdbeertorte ein Gläschen Waldmeisterlikör geben, das bringt einen edlen Geschmack in die Torte.

DIE HERB-FRUCHTIGEN

BLUTWURZ-WALNUSS-LIKÖR

Wer gern herbe bittere Liköre mag, die den Gaumen belegen, der freut sich über diesen Likör. »Bitter macht lustig« und regt den Magen an.

Für 1 Liter		Für 5 Liter
20 g	getrocknete Blutwurz	100 g
5	grüne Walnüsse (die ganze Nuss, samt Schale)	25
5 g	Fenchelsamen	25 g
1	Nelke	5
250 ml	herber Rotwein	1,25 l
600 ml	Kornbrand (42–45 %)	3 l
300 g	Kandiszucker	1,5 kg

So geht's:

1 | Den Fenchelsamen und die Nelke mörsern oder hacken und die grünen Nüsse vierteln.

2 | Blutwurz, Fenchelsamen, Nelken und die Nüsse in den Kornbrand geben und gut durchschütteln. Kandiszucker und Rotwein zugeben und 3 Monate verschlossen reifen lassen. Immer wieder durchschütteln.

3 | Den Ansatz absieben und weitere 9 Monate ruhen lassen. Danach durch einen Faltenfilter klar filtrieren.

Mein Tipp
Beim Verarbeiten der Nüsse ist das Tragen von Einmalhandschuhen wichtig. Die braune Farbe der Nüsse ist hartnäckig und kann nicht mehr abgewaschen werden.

ERNTEN ODER KAUFEN

Die alte Heilpflanze „Tormentill" wächst an sonnigen Hängen. Doch man muss sich gut auskennen, um sie zu entdecken. Die im September geernteten Wurzeln werden verwendet, die getrocknet auch in Apotheken oder Drogerien angeboten werden. Grüne Walnüsse (Johanninüsse), Mitte Juni vom Baum gepflückt, müssen leicht mit dem Messer zu schneiden sein. Das grüne Kerngehäuse ist dann voller Wasser.

NACHREIFE UND HALTBARKEIT

Alles, was aus grünen Nüssen hergestellt ist, braucht mindestens 1 Jahr Reifezeit. Je älter, umso feiner schmeckt der Likör. Das bedeutet auch, dass er sehr lange haltbar ist und sogar nach 10 Jahren umso mehr ein Genuss ist.

BRENNNESSEL-HASELNUSS-LIKÖR

Haselnüsse haben ein sehr kräftiges Aroma, das sich durch das Anrösten verstärkt. Die Brennnessel unterstützt es mit ihren grünen Tönen.

ERNTEN ODER KAUFEN

Für diesen Likör empfehle ich getrocknete Brennnesselblätter, die Sie in der Apotheke bekommen, aber auch selbst trocknen können. Haselnusssirup ist im Handel erhältlich und verstärkt den Haselnussgeschmack des Likörs.

NACHREIFE UND HALTBARKEIT

Da die Haselnüsse viel Öl enthalten, ist er etwas „fettig" und kann bei längerem Sauerstoffkontakt ranzig werden.

Für 1 Liter		Für 5 Liter
200 g	Haselnüsse	1 kg
30 g	getrocknete Brennnesselblätter	150 g
500 ml	Haselnussgeist (40–45 %)	2,5 l
350 ml	Haselnusssirup	1,75 l
150 ml	Wasser	0,75 l

So geht's:

1 | Die Haselnüsse grob raspeln, dann auf einem Blech verteilen und 15 Minuten bei 160 °C im Backofen rösten. Kurz abkühlen lassen und lauwarm in den Haselnussgeist geben. Sofort gut verschließen und 2 Wochen ziehen lassen.

2 | Die Brennnesselblätter in Wasser 1 Tag einweichen und zusammen mit dem Haselnusssirup zu dem Haselnussansatz geben. 3 Wochen im verschlossenen Gefäß reifen lassen, währenddessen mehrmals gut durchschütteln.

3 | Durch einen Faltenfilter filtrieren und in Flaschen abfüllen. Dunkel und gut verschlossen aufbewahren.

Mein Tipp

Da beim Rösten schnell bittere Stoffe entstehen, darf man die Nüsse nicht aus den Augen lassen und muss die ganze Zeit umrühren.

MUSKATELLERSALBEILIKÖR

Entfernt erinnert er an den Geschmack von Grapefruit, etwas herb und zusammenziehend, aber sehr erfrischend.

Für 1 Liter		Für 5 Liter
50 g	frische Muskatellersalbeiblüten	250 g
10 g	Muskatellersalbeiblätter	50 g
10 g	frische Pfefferminzblätter	50 g
5 g	Fenchelsamen	25 g
300 ml	Weißwein	1,5 l
400 ml	Obstwasser (42–45 %)	2 l
300 ml	Invertzucker	1,5 l

So geht's:

1 | Muskatellersalbei, Minzeblätter und gemörserte Fenchelsamen im Wein kurz aufkochen und gut verschlossen 1 Tag ziehen lassen.

2 | Den Ansatz durch ein feines Tuch sieben und auspressen. Das Obstwasser zugeben und weitere 1–2 Wochen reifen lassen.

3 | Den Ansatz mit Invertzucker mischen und durch einen Faltenfilter fein filtrieren.

ERNTEN ODER KAUFEN

Muskatellersalbei hat geschmacklich nichts mit Gewürzsalbei zu tun, aber auch nicht mit Muskatnuss. Die zweijährige Pflanze ähnelt jedoch im Aussehen dem Salbei und geerntet werden sowohl die blass-lila Blüten als auch die Blätter.

NACHREIFE UND HALTBARKEIT

Ein Likör, den man gut auf Vorrat herstellen kann, da er sich mit der Zeit positiv verändert.

Mein Tipp

Gut gekühlt mit Sahnehaube eignet sich der Muskatellersalbeilikör als Aperitif bei der sommerlichen Grillparty. Welcher Gast erkennt wohl, um was es sich handelt?

PFEFFERMINZ-ZWETSCHGEN-LIKÖR

Frucht und Minze, das passt sehr gut zusammen, aber wenn der Fruchtgeschmack aus den Blättern kommt, dann ist das etwas Besonderes.

ERNTEN ODER KAUFEN

Diesen Likör aus jungen, unreifen Zwetschgenblättern und Minzetrieben herzustellen macht Freude. Junge Blätter eines Zwetschgen- oder Pflaumenbaumes findet man in verwahrlosten Obstanlagen, wo die einst gepflegten Zwetschgenbäume durch Ausläufer verwildert sind, sie haben meist eine rötliche Farbe.

NACHREIFE UND HALTBARKEIT

Lange haltbar ist dieser Likör, auch wenn mit der Zeit Trübungen auftauchen. In dem Fall einfach noch einmal filtrieren und innerhalb von 2 Jahren verbrauchen.

Für 1 Liter		Für 5 Liter
100 g	ganz junge Zwetschgen- oder Pflaumenblätter	500 g
ca. 20 g	frische Pfefferminzblätter	100 g
1	Zitrone	5
500 ml	Zwetschgenwasser (42–45 %)	2,5 l
350 ml	Wasser	1,75 l
300 g	Zucker	1,5 kg

So geht's:

1 | Das Zwetschgenwasser mit 100 ml Wasser verdünnen und die Zwetschgen- und Minzeblätter darin einlegen. 1 Tag verschlossen ziehen lassen.

2 | Das restliche Wasser mit dem Zucker aufkochen. Die Zitrone auspressen, den Saft zugeben und 10 Minuten köcheln lassen. Zugedeckt abkühlen lassen.

3 | Den Ansatz durch ein feines Tuch sieben und die Blätter auspressen. Danach Zuckersirup untermischen und den Likör 2 Wochen ruhen lassen.

4 | Bevor der Likör abgefüllt wird, sollte er durch einen Faltenfilter klar filtriert werden.

Mein Tipp

Wie immer ist es wichtig, junge Blätter zu verwenden. Ersetzt man das Wasser durch Zwetschgensaft, wird der Likör noch fruchtiger.

RHABARBER-THYMIAN-LIKÖR

Lieblich herb und etwas säuerlich ist der Rhabarberlikör und der Thymian bringt dazu noch eine kräftig würzige Note. Ein neues Aroma für den Geschmackssammler.

Für 1 Liter		Für 5 Liter
250 g	Rhabarber (geschält)	1,25 kg
50 g oder 10 g	frische Thymianblüten oder Triebspitzen getrocknete Thymianblüten	250 g 50 g
1	unbehandelte Orange	5
600 ml	Kirschwasser (42–45 %)	3 l
200 ml	Wasser	1 l
400 g	Zucker	2 kg

So geht's:

1 | Die Orange dünn schälen. Kirschwasser, Thymianblüten und Orangenschale 1 Tag ziehen lassen, dann durch ein Tuch sieben und auspressen.

2 | Den Rhabarber schälen und in Stifte schneiden. Das Wasser erhitzen und den Zucker und den Rhabarber zugeben und 5 Minuten kochen. Abkühlen lassen.

3 | Rhabarbermus und Alkoholansatz mischen und 2 Wochen reifen lassen.

4 | Zuerst durch ein Tuch sieben und auspressen. Dann durch einen Faltenfilter filtrieren und in Flaschen abfüllen.

ERNTEN ODER KAUFEN

Die hier verwendeten dicken Stiele entfalten das gewünschte Aroma beim Kochen. Für eine schöne Farbe eignen sich die Stiele der roten Rhabarbersorten.

NACHREIFE UND HALTBARKEIT

Nach 6 Wochen ist der Likör fertig zum Verzehr und verliert dann langsam seine herbe Frische. Das bedeutet: Er wird mit der Zeit angenehmer, aber auch langweiliger.

Mein Tipp

Rote Rhabarbersorten findet man oft auf dem Wochenmarkt. Ein paar Spritzer Rhabarberlikör auf dem fertigen Rhabarberkuchen schmecken köstlich.

ROSMARIN-PFIRSICHBLÄTTER-LIKÖR

Pfirsicharoma ohne Pfirsiche, auch das ist möglich. Rosmarin bringt leichte, herbe Noten in den sonst fruchtigen Likör.

ERNTEN ODER KAUFEN

Die Pfirsichblätter müssen frisch gepflückt und noch jung und unausgereift sein. Natürlich nur geerntet an ungespritzten Pfirsichbäumen. Da kann man ruhig mal einen Nachbarn oder einen Gartenbesitzer um ein paar Blätter bitten, das schadet einem ausgewachsenen Baum nicht.

NACHREIFE UND HALTBARKEIT

Etwaige Nachtrübungen zeigen, dass noch eine Reifung stattfindet. Leichtes Schütteln verteilt die Trübstoffe und auch so ist der Pfirsichlikör gut 3 Jahre lagerfähig.

Für 1 Liter		Für 5 Liter
150 g	ganz junge Pfirsichblätter	750 g
1 Handvoll oder 1 Zweig	Rosmarinblüten Rosmarin (ca. 15 cm lang)	5 Handvoll 5 Zweige
500 ml	Pfirsichbrand (40–42 %)	2,5 l
200 ml	Pfirsichsaft oder Wasser	1 l
300 g	Invertzucker	1,5 l

So geht's:

1 | Die Pfirsichblätter und Rosmarinblüten oder -zweige unzerkleinert in den Pfirsichbrand geben und 2 Wochen reifen lassen.

2 | Den Ansatz durch ein Sieb gießen und mit den restlichen Zutaten mischen. Den Likör 4–6 Monate verschlossen und dunkel reifen lassen.

3 | Den Likör durch einen Faltenfilter filtrieren, da sich wahrscheinlich feine Schwebstoffe gebildet haben.

Mein Tipp

Rosmarinblüten können meistens gleichzeitig mit den Pfirsichblättern geerntet werden. Es ist auch möglich, die Blüten später in einem Beutel 1 Woche in den Likör zu hängen.

VOGELBEER-SCHAFGARBEN-LIKÖR

Durch den bitteren Geschmack wird ein angenehm warmes Gefühl erzeugt, das langsam den ganzen Körper durchströmt.

Für 1 Liter		Für 5 Liter
200 g	ausgereifte Vogelbeeren	1 kg
20 g	Schafgarbenblüten (frisch oder getrocknet)	100 g
1	Japanische Zierquitte	5
oder 2	unbehandelte Limetten oder Zitronen	10
500 ml	Vogelbeergeist (42–45 %)	2,5 l
350 ml	Wasser	1,75 l
300 g	Honig	1,5 kg

So geht's:

1 | 250 ml Wasser erhitzen und die Vogelbeeren, die in Streifen geschnittene Zierquitte bzw. Limetten darin 5 Minuten köcheln. In den lauwarmen Ansatz den Honig einrühren und diesen Ansatz 1 Tag ziehen lassen.

2 | Den Vogelbeergeist und die Schafgarbenblüten hinzugeben und 1 weiteren Tag ziehen lassen.

3 | Den Ansatz durch ein Tuch filtrieren und auspressen. Das Pressgut mit 100 ml Wasser mischen und nochmal auspressen. Den Likör 3 Monate reifen lassen und anschließend durch einen Faltenfilter filtrieren.

ERNTEN ODER KAUFEN

Vogelbeeren sind die Früchte der Eberesche, einem Wildgehölz. Die Eberesche wird auch in Zierformen gezüchtet, deren Früchte sich ebenfalls für die Likörherstellung eignen. Genauso verhält es sich mit den Früchten der Japanischen Zierquitte, die auch ausschließlich als Zierstrauch angepflanzt wird. Die Früchte dieser Gehölze muss man selbst sammeln, da sie im Handel nicht angeboten werden.

NACHREIFE UND HALTBARKEIT

Vogelbeerlikör wird harmonischer mit der Reifung. Er darf ruhig 1–2 Jahre lagern, bevor er verzehrt wird. Nach 4 Jahren schmeckt er noch besser.

Mein Tipp

Japanische Zierquitten wachsen recht versteckt im Spätherbst in den Sträuchern. Wegen ihres hohen Säuregehalts faulen sie nicht. Stellt man eine Schale voll Zierquitten in ein Zimmer, verströmen sie einen frischen Duft.

WEISSDORNBLÜTENLIKÖR

Weißdornblüten gelten als Herznahrung, daher wurden sie von alten Bäuerinnen als Heiltrunk angesetzt. Durch die Gewürze ergibt sich ein winterliches Aroma, das kalte Tage erwärmt.

ERNTEN ODER KAUFEN

Weißdorn blüht von April bis Mai an vielen Stellen, vor allem in Wildhecken. Die Ernte der Blüten schadet dem Strauch nicht, da er sehr üppig blüht.

NACHREIFE UND HALTBARKEIT

Weißdornblütenlikör kann man bis zu 2 Jahre lang aufbewahren. Er schmeckt vor allem in der kalten Jahreszeit gut, da er leichte Zimt- und Vanillearomen enthält.

Für 1 Liter		Für 5 Liter
150 g	frische Weißdornblüten (70 g getrocknete Blüten)	750
1	unbehandelte Orange	5
1	Zitrone	5
¼	Vanillestange	1
1	Zimtstange	5
300 ml	Alkohol (Trinkalkohol 96 %)	1,5 l
400 ml	Wasser	2 l
250 ml	Invertzucker	1,25 l
100 g	Honig	500 g

So geht's:

1 | Das Wasser erhitzen und den Zucker darin unter Rühren auflösen. Die Zitrone auspressen und den Saft zugeben. Den Sirup 10 Minuten leicht köcheln und danach abkühlen lassen.

2 | Die Orangenschale abraspeln oder dünn schälen und mit den Blüten, Gewürzen und dem Honig in den noch warmen Sirup (40–60 °C) rühren. Den Ansatz 1 Tag zugedeckt ziehen lassen.

3 | Den Alkohol zugeben und den Ansatz 1 Woche im verschlossenen Gefäß stehen lassen.

4 | Den Likör durch ein feines Tuch filtrieren und, sollte er nicht klar werden, durch einen Faltenfilter laufen lassen.

Mein Tipp

Ein Schuss Weißdornlikör in einer Tasse Tee oder Kaffee weckt die Lebensgeister.

DIE MILD-WÜRZIGEN

ANDORNLIKÖR

Recht bitter und trotzdem frisch kommt dieser Likör am Rachen an und hinterlässt ein angenehm pelziges Gefühl.

Für 1 Liter		Für 5 Liter
100 g oder 30 g	Andorn (die oberen 10–15 cm langen Triebe) getrockneter Andorn	500 g 150 g
1 Trieb	Pfefferminze	5 Triebe
450 ml	Kornbrand (42–45 %)	2,25 l
400 ml	Weißwein	2 l
300 g	Honig	1,5 kg

So geht's:

1. Weißwein, Andorn und Pfefferminze kurz aufkochen, auf 40–60 °C abkühlen lassen und absieben.

2. Den Honig in dem lauwarmen Weißweinauszug auflösen und abkühlen lassen.

3. Den Kornbrand hinzufügen und im Glasgefäß gut durchschütteln. 2 Wochen ruhen lassen.

4. Falls der Likör noch trüb oder flockig ist, kann er nochmals durch ein feines Tuch oder einen Faltenfilter filtriert werden.

ERNTEN ODER KAUFEN

Von Juni bis September, während der Blüte, soll der Andorn geerntet und gleich verarbeitet werden. Von Hildegard von Bingen empfohlen wird er auch als Teekraut im Handel angeboten. Er kann so auch vom gartenlosen Likörfreund getrocknet verarbeitet werden, trotzdem ist das frische Kraut vorzuziehen.

NACHREIFE UND HALTBARKEIT

Ein Likör, der auch lange stehen bleiben kann, er verliert nicht an Geschmack, sondern gewinnt Ecken und Kanten. Nach 3 Jahren sollte er verbraucht sein.

Mein Tipp

Andornlikör mit etwas kohlensäurehaltigem Sprudel und einem Eiswürfel aufgegossen belebt den Magen als Digestif nach einem ausgiebigen Grillfest.

## DIE MILD-WÜRZIGEN

BUCHENBLÄTTERLIKÖR

Grün und herb-blättrig, so könnte man den Geschmack dieses Likörs beschreiben. Einen Vergleich zu finden ist schwierig, deshalb einfach einmal ausprobieren.

🌱 ERNTEN ODER KAUFEN

Die Buche, hier ist die Rotbuche gemeint und nicht die Hainbuche, ist ein Stimmungsmacher im Frühlingswald. Die ganz jungen Blätter, beim Austrieb ohne die braune Triebhülle, werden geerntet. Wichtig: Immer nur einige Blätter an den Zweigen abzupfen, so dass der Baum im Wachstum nicht gehemmt wird.

🍶 NACHREIFE UND HALTBARKEIT

Dieser Haustrunk reift mit der Zeit und wird dadurch angenehmer und voller im Geschmack. Er darf ruhig 3 Jahre alt werden.

Für 1 Liter		Für 5 Liter
100 g	frische Buchenblätter (bevor sie dunkelgrün und starr ausgereift sind)	500 g
1	unbehandelte Zitrone	5
550 ml	Obstwasser (42–45 %)	2,75 l
300 ml	Apfelsaft	1,5 l
350 g	Honig	1,75 kg

So geht's:

1. Apfelsaft auf 40–60 °C erwärmen und den Honig darin auflösen. Die Zitrone in Scheiben schneiden und mit den Buchenblättern zugeben.

2. In den abgekühlten Sirup das Obstwasser einrühren. Den Ansatz dunkel und kühl 2 Wochen ziehen lassen.

3. Durch ein Tuch sieben. Falls der Likör dann noch nicht klar ist, durch einen Faltenfilter filtrieren.

Mein Tipp

Bei einem Waldspaziergang findet man leicht genug Blätter. Bitte immer vereinzelt zupfen und nie die Spitzenknospen an den Ästen entfernen.

Mein Tipp
Späte, vollreife Erdbeeren eignen sich für diesen Likör besonders gut.

ERDBEER-BASILIKUM-LIKÖR

Ein überraschend fruchtiger Likör, der die Würze des Basilikums gut verträgt. Das Erdbeeraroma harmoniert mit dem Basilikumgeschmack und kommt durch den Zucker sehr mild im Gaumen an.

Für 1 Liter		Für 5 Liter
10 g	frische Basilikumblätter	50 g
1 oder ½	frische Chillischote getrocknete Chillischote	5 2
400 g	vollreife Erdbeeren	2 kg
½	Zitrone	2
500 ml	Zwetschgenwasser (40–42 %)	2,5 l
250 ml	Wasser	1,25 l
400 g	Zucker	2 kg

So geht's:

1 | Das Wasser erhitzen und den Zucker darin auflösen. Die Zitrone auspressen und den Saft zugeben. 10 Minuten köcheln und anschließend abkühlen lassen.

2 | Die Erdbeeren mit einer Gabel zerdrücken oder kurz pürieren.

3 | Die frische Chillischote klein schneiden bzw. die getrocknete zerstoßen und zum Erdbeermus geben.

4 | Die Basilikumblätter von den Stielen zupfen und sofort unzerkleinert in das Erdbeermus einrühren.

5 | Das Zwetschgenwasser und den Zuckersirup zugeben. Den Ansatz 1–2 Wochen verschlossen und dunkel lagern.

6 | Den Likör erst durch ein feines Tuch sieben und anschließend durch einen Faltenfilter klar filtrieren.

ERNTEN ODER KAUFEN

Es lohnt sich, für diesen Likör nach einer rotblättrigen Basilikumsorte zu suchen, z. B. Zimtbasilikum. Die roten Blätter unterstreichen die Farbe des Likörs und die roten Sorten haben oft schon einen leichten Fruchtgeschmack. Gerne können auch die Blüten des Basilikums verwendet werden.

NACHREIFE UND HALTBARKEIT

Die Farbe der Erdbeeren vergraut sehr schnell, deshalb sieht der Likör nach einem halben Jahr nicht mehr so ansprechend aus. Er soll bald verbraucht werden, kann aber auch gut eingefroren werden.

ESTRAGONLIKÖR

Würzig intensiv und trotzdem fruchtig, das sind die Attribute dieses Likörs. Er ist bodenständig und trotzdem aromatisch und passt gut zu einem ungesüßten Gugelhupf.

ERNTEN ODER KAUFEN

Estragon ist ein Gewürz, das in der Salatkräuterecke im Gewürzregal steht. Im Garten wächst die Staude unproblematisch und man sieht ihr die Verwandtschaft zum Beifuß an. Im Handel wird sie den Sommer über frisch angeboten. Der wilde Majoran, auch Dost genannt, wächst an trockenen Stellen verbreitet in krautreichen Wiesen.

NACHREIFE UND HALTBARKEIT

Ein fruchtiger Likör, der sich gut 1 Jahr hält. Wichtig ist, ihn im Dunkeln aufzubewahren, das hält die Farbe stabil.

Für 1 Liter		Für 5 Liter
50 g	frische Estragonblätter	250 g
50 g	Blüten des wilden Majorans	250 g
5 Stängel	Thymian	25
½	Muskatnuss	1 ½
500 ml	Kirschwasser (42–45 %)	2,5 l
350 ml	Johannisbeersaft	1,75 l
300 g	Zucker	1,5 kg

So geht's:

1. Den Johannisbeersaft und den Zucker aufkochen, danach etwas abkühlen lassen.

2. Den Estragon, die Kräuter und die gemahlene Muskatnuss hinzugeben. 1 Tag zugedeckt ziehen lassen.

3. Den Sirup absieben und das Kirschwasser zugeben. 3 Wochen verschlossen und dunkel reifen lassen.

4. Den Likör durch ein feines Tuch oder einen Faltenfilter filtrieren.

> **Mein Tipp**
>
> Den Likör im Wasserbad auf ca. 50 °C erwärmen (nicht kochen) und im Likörglas mit Sahnehaube und Zimtzucker garnieren.

Mein Tipp

Die Meisterwurz ist ein weißer Doldenblütler von denen es viele in der Natur gibt. Wegen der Verwechslungsgefahr und dem Erntezeitpunkt in der blütenlosen Zeit ist von Wildsammlungen abzuraten.

HOLUNDERBLÜTEN-MEISTERWURZ-LIKÖR

Ein meisterlicher Kräuterlikör, dem die Holunderblüte einen lieblichen Charakter verleiht.

Für 1 Liter		Für 5 Liter
50 g	getrocknete Meisterwurz-Wurzel	250 g
100 g	abgezupfte Holunderblüten	500 g
1	Vanillestange	5
1	Zitrone	5
500 ml	Kornbrand (42–45 %)	2,5 l
200 ml	Weißwein	1 l
300 ml	Invertzucker	1,5 l

So geht's:

1 | Die getrocknete Meisterwurz in Weißwein einlegen und über Nacht ziehen lassen.

2 | Den Kornbrand zugeben und 1 weiteren Tag ziehen lassen. Dann absieben und die Ansatzflüssigkeit bis zur Fertigstellung verschlossen aufbewahren.

3 | Die Holunderblüten abzupfen (es sollten wenig grüne Blütenstängel daran sein).

4 | Den Invertzucker auf etwa 60 °C erhitzen, die Holunderblüten unterziehen und die in Scheiben geschnittene Zitrone zugeben. Den Sirup 1 Tag zugedeckt ziehen lassen. Danach den Sirup durch ein feines Tuch filtrieren und auspressen.

5 | Den Ansatz mit dem Sirup mischen, durch einen Faltenfilter klar filtrieren und sofort in kleine Flaschen abfüllen.

ERNTEN ODER KAUFEN

Die noch unbekannte Wildpflanze Meisterwurz lässt sich gut in der Küche zum Würzen von Saucen und Suppen verwenden. Zum Würzen braucht man die Blätter, für den Likör aber benötigt man die Wurzel, die im Frühjahr oder im Spätjahr geerntet wird. Die getrocknete Meisterwurz erhält man in der Apotheke, sie eignet sich hervorragend für den Ansatz.

NACHREIFE UND HALTBARKEIT

Der Likör wird wahrscheinlich nicht ganz klar werden, deshalb kann es notwendig sein, ihn mehrmals zu filtrieren. Er ist zwar nicht verderblicher als die anderen Liköre, sollte aber dennoch nicht älter als 1 Jahr werden.

LÄRCHENZAPFENLIKÖR

Harzig und schon recht nahe am bitteren Ende der Geschmacksempfindungen, dort ist Lärchenzapfenlikör zu lokalisieren. Wer es gerne recht herb mag, der freut sich darüber.

ERNTEN ODER KAUFEN

Nur die jungen, unausgereiften Lärchenzapfen, die nur im zeitigen Frühjahr zu finden sind, werden verwendet. Die Zapfenernte schadet dem Wachstum des Baumes nicht, so dass Sie ohne schlechtes Gewissen ernten können, solange keine ganzen Zweige abgerissen werden.

NACHREIFE UND HALTBARKEIT

Je älter dieser Likör wird, umso mehr Freunde wird er finden. Nach 5 Jahren macht es richtig Spaß, ihn zu trinken und nach 10 Jahren haben Sie einen Schatz anzubieten.

Für 1 Liter		Für 5 Liter
100 g	junge, weiche Lärchenzapfen	500 g
1	Nelke	5
10	junge weiche Fichtentriebe	50
1 TL	getrockneter Blutwurzel (falls vorhanden)	10 g
500 ml	Kornbrand oder Wodka (40–45 %)	2,5 l
200 ml	klarer Apfelsaft	1 l
200 ml	Invertzucker	1 l
200 g	Waldhonig	1 kg

So geht's:

1 | Die Lärchenzapfen durchschneiden und mit den Fichtentrieben, Blutwurz und Nelke in den Kornbrand geben. 2–3 Wochen verschlossen im Hellen (Fensterbank, Balkon) reifen lassen.

2 | Den Ansatz durch ein feines Tuch sieben, die restlichen Zutaten hinzugeben. Gut durchschütteln, bis alles gelöst ist. Den Likör weitere 3 Monate im Dunkeln reifen lassen.

3 | Falls notwendig durch einen Faltenfilter klären und in Flaschen abfüllen.

Mein Tipp

Die Lärche ist ein laubabwerfender Nadelbaum und gut zu erkennen am neuen Austrieb der Nadeln im Frühjahr. Lärchen werden gerne entlang von Waldwegen und an Grundstücksgrenzen gepflanzt.

Mein Tipp
Über die weihnachtlichen Festtage räumt dieser Likör den überfüllten Magen auf und regt die Verdauung an.

ROSMARIN-TOPINAMBUR-LIKÖR

Ein sehr intensiver Likör, der durch Topinambur einen erdigen, rübenartigen Geschmack bekommt. Die Ginsengwurzel hat ein vergleichbares Aroma, dazu kommt der leicht bittere Gewürzgeschmack des Thymian.

Für 1 Liter		Für 5 Liter
500 g	Topinambur	2,5 kg
2	Zitronen	10
2 Zweige	Rosmarin (ca. 15 cm lang)	10 Zweige
4 Zweige	Thymian	20 Zweige
1 EL	Wilder Dost getrocknet (falls vorhanden)	5 EL
500 ml	Topinamburbrand	2,5 l
400 g	Honig	2 kg

So geht's:

1 | Die Zitronen auspressen. Topinambur gut waschen, dünn schälen und sofort mit dem Zitronensaft beträufeln. Die Knollen fein raspeln oder pürieren und 1 Tag gut verschlossen im Kühlschrank stehen lassen.

2 | Das Topinamburmus durch ein Tuch absieben und auspressen. Von diesem Saft werden 300 ml für den Likör verwendet. Falls notwendig, mit Wasser auffüllen.

3 | Die Kräuter, den Honig und den Topinamburbrand unter den Saft mischen und umrühren, bis sich der Honig aufgelöst hat.

4 | Den Likör dunkel und gut verschlossen 4–6 Wochen reifen lassen und anschließend durch einen Faltenfilter filtrieren.

ERNTEN ODER KAUFEN

Topinambur ist die Knolle eines Sonnenblumengewächses und nur im Winter erhältlich. Deshalb muss dieser Likör auch zwischen Dezember und März angesetzt werden.

NACHREIFE UND HALTBARKEIT

Dieser Likör mit seinen erdigen Zutaten reift nach, er wird angenehmer und harmonischer. Auch nach 3 Jahren schmeckt er noch sehr intensiv und vielleicht begeistert er dann frühere Kritiker.

SALBEILIKÖR

Salbeilikör hat ein kräftiges, leicht herbes Aroma, das lange im Gaumen nachschmeckt. Er passt gut in die kalte Jahreszeit und sollte in kleinen Schlückchen genossen werden.

ERNTEN ODER KAUFEN

Der graufilzige Küchensalbei eignet sich zwar auch, aber dem milderen Zitronensalbei gebe ich den Vorrang. Er bringt zitronige Frische in den Likör. Oft wird dieser Salbei als Zierpflanze im Frühjahr in den Gärtnereien angeboten und kann gut im Topf angebaut werden.

NACHREIFE UND HALTBARKEIT

Salbeilikör wird im Alter immer besser. Nach 5 Jahren schmeckt er immer noch und nach 10 Jahren sicher auch noch.

Für 1 Liter		Für 5 Liter
100 g	Salbeiblätter	500 g
3	unbehandelte Zitronen	15
600 ml	Obstwasser (42–45 %)	3 l
400 ml	Invertzucker	2 l

So geht's:

1 | Die Zitronen in Scheiben schneiden und mit den Salbeiblättern unter das Obstwasser mischen. Zugedeckt 3 Tage stehen lassen.

2 | Den Ansatz durch ein Tuch filtrieren und vorsichtig auspressen. Den Invertzucker untermischen.

3 | Diesen Ansatz 6 Monate dunkel, kühl und gut verschlossen reifen lassen. Falls sich Schlieren im Likör gebildet haben, muss er durch einen Faltenfilter filtriert werden.

Mein Tipp

Zitronensalbei wird oft als Zierpflanze mit dem Vermerk »Nicht zum Verzehr geeignet« verkauft. Dabei geht es um die Aufzucht mit Dünge- und Spritzmitteln, die gleiche Sorte in der Kräuterecke der Gärtnerei ist dagegen sofort verzehrfähig.

SCHOKOLADENMINZELIKÖR

Schokolade und Pfefferminze, das passt immer gut. Kräuterlikör mit Schokoladenminze ist ein sehr erfrischender Likör, der Lebensgeister wecken kann.

Für 1 Liter		Für 5 Liter
100 g	frische Schokoladenminzeblätter	500 g
1	unbehandelte Orange	5
300 ml	Alkohol (Trinkalkohol 96 %)	1,5 l
350 ml	abgekühlter Kaffee	1,75 l
350 ml	Invertzucker	1,75 kg

So geht's:

1 | Einen starken Kaffee aufbrühen und abkühlen lassen. Davon 350 ml abmessen.

2 | Die Orange dünn schälen und den Saft anschließend auspressen.

3 | Den Alkohol mit dem Kaffee mischen und die Orangenschale und den Saft zugeben. Die Minzeblätter unterrühren und verschlossen 1 Tag ziehen lassen.

4 | Den Ansatz absieben, mit dem Invertzucker mischen und durch einen Faltenfilter filtrieren.

ERNTEN ODER KAUFEN

Diesen Likör können nur Balkon- oder Gartenbesitzer herstellen. Die dazu benötigte Minze heißt Mentha x piperita „Schokominze". Ihr süßes Aroma mit leicht herb-bitter schokoladigem Ton verleiht dem Likör seinen eigenen Geschmack.

NACHREIFE UND HALTBARKEIT

Ein Likör, den man sofort genießen kann, aber auch nach einem halben Jahr schmeckt er noch. Nach 1 Jahr sollte er langsam aufgebraucht sein.

Mein Tipp

Schokoladenminze lässt sich gut in Töpfen ziehen. Wie alle Minzesorten reagiert sie auf einen starken Rückschnitt mit noch üppigerem Wachstum. Dadurch hat man das ganze Jahr Minze für Likör, für Tee oder als Duftpflanze für die Wohnung.

TAGETESLIKÖR

Der Likör schmeckt würzig, kräftig nach Tagetes mit zitrusartigen Noten, etwas nach Orange und leicht grün.

ERNTEN ODER KAUFEN

Tagetes, die Studentenblume, ist immer essbar. Doch je nach Sorte gibt es große Unterschiede im Aroma und die meisten Sorten haben einen zu starken, sogar abstoßenden Geschmack. Deshalb muss hier eine spezielle Sorte verwendet werden: Tagetes tenuifolia „Orange Gem". Es gibt jedoch auch andere aromatische Sorten, die ganz unterschiedliche Geschmacksnuancen entwickeln.

NACHREIFE UND HALTBARKEIT

Ein Likör, den man ruhig stehen lassen kann. Er reift nach und verliert seine etwas aufdringliche Schärfe.

Für 1 Liter		Für 5 Liter
30 g	Tagetesblüten	150 g
1	Zitrone	5
500 ml	Birnenbrand (42–45 %)	2,5 l
350 ml	Apfelsaft	1,75 l
300 g	Zucker	1,5 kg

So geht's:

1 | Den Apfelsaft erhitzen und den Zucker darin unter Rühren auflösen. Zitrone auspressen und den Saft zugeben. Den Sirup 10 Minuten leicht köcheln und danach abkühlen lassen.

2 | Die Blüten in den noch warmen Sirup (40–60 °C) rühren und 1 Tag zugedeckt ziehen lassen.

3 | Nun den Alkohol zugeben und 1 weitere Woche im verschlossenen Gefäß stehen lassen.

4 | Anschließend den Ansatz durch ein feines Tuch filtrieren und in Flaschen abfüllen.

Mein Tipp

Spezielle Tagetessorten mit dem besonderen Aroma findet man selten im Handel, höchstens in Kräutergärtnereien. Einfach selbst aussäen und sich dann, nach der Ernte der Blüten, an den schönen Pflanzen erfreuen.

Mein Tipp
Diesen Likör unter pürierte Erdbeeren gemischt und dazu ein Vanilleeis, das nennt man dann einen Sommertraum.

WALDMEISTER-MINZE-LIKÖR

Frische Minze verleiht dem Waldmeisterlikör etwas Kühlendes. Die Mischung lässt den schweren Waldmeistergeschmack luftiger und leichter werden.

Für 1 Liter		Für 5 Liter
1 Stiel	Waldmeister (die oberen 3 Blattwirbel und die Blüte)	5 Stiele
5 Stängel oder 10 g	Pfefferminze (ca. 15 cm lang) getrocknete Pfefferminze	25 50 g
1	unbehandelte Zitrone	5
550 ml	Apfelbrand (42–45 %)	2,75 l
300 ml	klarer Apfelsaft	1,5 l
300 g	Zucker	1,5 kg

So geht's:

1 | Apfelsaft erhitzen und darin den Zucker auflösen. Die Zitrone auspressen und den Saft zugeben. In den noch heißen Zuckersirup die abgezupften Pfefferminzblätter geben. Zugedeckt abkühlen lassen.

2 | In den abgekühlten Minzesirup den Alkohol geben und die Waldmeisterzweige an einer Schnur einhängen. Nach 2 Stunden den Waldmeister wieder entfernen.

3 | Den Ansatz ohne den Waldmeister weitere 2 Tage ziehen lassen und anschließend durch ein Tuch filtrieren und abfüllen.

ERNTEN ODER KAUFEN

Hier überwiegt die Minze und deshalb ist die verwendete Sorte sehr wichtig. Im alten Bauerngarten wächst meist noch die ursprüngliche Pfefferminze, die gerne durch Ausläufer wandert und deshalb nicht immer so beliebt ist. Die Sorte Mentha multimentha kommt ihr sehr nahe. Beide Sorten bevorzuge ich für diesen Likör.

NACHREIFE UND HALTBARKEIT

Ganz frisch schmeckt dieser Likör sehr erfrischend, gelagert wird er ruhiger und verliert das spritzige Gefühl. Je nach Geschmack des Likörtrinkers wird der frische oder gelagerte Likör vorgezogen. Er darf ruhig 2 Jahre alt werden.

ZITRONENVERBENENLIKÖR

Zitronig, minzig, frisch und vor allem kühl schmeckt der Zitronenverbenenlikör. Ein Likör, der im Sommer erfrischt und sich gut für fruchtige Cocktails eignet.

ERNTEN ODER KAUFEN

Zitronenverbenen sind nicht ganz winterhart, aber sehr schöne Kübelpflanzen. Für die Likörbereitung reicht schon eine Pflanze, die dann bis zum Herbst eine gute Ernte bringt. Getrocknet wird die Pflanze oft als Tee angeboten. Man sollte darauf achten, dass die Blätter im Ganzen getrocknet und abgepackt sind. Sobald die Blätter gebrochen werden, verlieren sie ihr Aroma.

NACHREIFE UND HALTBARKEIT

Die Aromen der Zitronenverbene verleihen dem Likör leicht herbe Noten, die aber mit der Zeit verschwinden. Am besten lagert man den Likör ein halbes Jahr bevor er getrunken wird. Nach 2 Jahren sollte er verbraucht sein.

Für 1 Liter		Für 5 Liter
100 g oder 10 g	frische Zitronenverbenenblätter getrocknete Zitronenverbene	500 g 50 g
1	unbehandelte Zitrone	5
300 ml	Alkohol (Trinkalkohol 96 %)	1,5 l
500 ml	Wasser	2,5 l
400 g	Zucker	2 kg

So geht's:

1 | Das Wasser erhitzen und den Zucker darin unter Rühren auflösen. Zitrone auspressen und den Saft zugeben. Den Sirup 10 Minuten leicht köcheln und danach abkühlen lassen.

2 | Die Zitronenverbenenblätter in den noch warmen Sirup (40–60 °C) unterrühren und 1 Tag zugedeckt ziehen lassen.

3 | Den Alkohol unterrühren und 1 weitere Woche im verschlossenen Gefäß stehen lassen.

4 | Ansatz durch ein feines Tuch filtrieren und in Flaschen abfüllen.

Mein Tipp

Zitronenverbenen stammen aus dem Mittelmeerraum und werden auch als Verveine angeboten. Sie blühen unscheinbar, versprühen aber bei der geringsten Berührung ihren erfrischenden Zitronenduft. Die Pflanze darf im Garten ruhig nahe am Weg stehen, so dass sie oft berührt wird.

DIE BITTER-GRÜNEN

BITTERER SOMMERLIKÖR

Auch der Sommer hat manchmal seine rauen Tage und verlangt nach einem herben Genuss. Der bittere Sommerlikör bringt den Gaumen zum Vibrieren und stillt das Durstgefühl durch seine Bitterstoffe.

Für 1 Liter		Für 5 Liter
150 g	frische und / oder getrocknete Kräuter (Königskerzenblüten, Salbei, Minze, Wilder Majoran, Schafgarbenblüten, Lavendelblüten und Lavendelblätter, Benediktenkraut, Frauenmantelblätter, Brombeerblätter, Sonnenhutblüten, wenig Tausendgüldenkraut, wenig Wermut und Beifuß)	750 g
10 g	gemörserter Fenchelsamen, Wacholderbeeren und Kümmel	50 g
20 g	Blutwurzel, Kalmuswurzel, Schlüsselblumenwurzel	100 g
2–3	bittere Mandeln (falls vorhanden)	10–15
1	unbehandelte Zitrone	5
1	unbehandelte Orange	5
550 ml	Himbeergeist (42–45 %) oder Obstwasser	2,75 l
300 ml	Wasser	1,5 l
300 g	Kandiszucker	1,5 kg

So geht's:

1 | Die Zitrusfrüchte dünn schälen (ohne das Weiße unter der Schale mitzunehmen). Die bitteren Mandeln grob hacken.

2 | Alle Zutaten in einen Glasballon geben und gut durchschütteln. Den Likör gut verschlossen 2 Monate in die Sonne stellen und immer wieder schütteln.

3 | Den Likör durch ein Tuch sieben und die Kräuter auspressen. Den Likör bis zum Frühjahr reifen lassen und nochmals durch einen Faltenfilter filtrieren.

ERNTEN ODER KAUFEN

Die vielen verschiedenen Zutaten ergeben ein wahrscheinlich nie genau reproduzierbares Resultat. Da darf man ruhig gelassen sein, auch im nächsten Jahr wird der Likör wieder gut, nur anders gut. Es werden sicher nicht alle Zutaten immer verfügbar sein, das ist nicht schlimm, der Bittere Sommerlikör wird auch mit weniger Zutaten einzigartig.

NACHREIFE UND HALTBARKEIT

Erst nach 9 Monaten ist der Likör fertig, danach kann er bis zu 4 Jahre lagern.

EISENKRAUTLIKÖR

Dem einen schmeckt's, dem anderen nicht. Eisenkraut, auch Verbene genannt, hat einen sehr herben Geschmack, der aber durch Verwendung eines guten Kräuterbrandes wieder relativiert wird.

ERNTEN ODER KAUFEN

Eisenkraut wächst sehr oft ganz heimlich auf nährstoffarmen Wiesen und an Wegrändern. Wer es kennt, der findet es auch reichlich. Im Naturgarten fühlt es sich wohl und kann bewusst eingesät werden. Getrocknet kann es in Apotheken oder Drogerien gekauft werden.

NACHREIFE UND HALTBARKEIT

Eisenkrautlikör kann prima auf Vorrat hergestellt werden und gewinnt mit der Reifung stark an Charakter. Auch nach 5 Jahren ist er noch sehr gut trinkbar.

Für 1 Liter		Für 5 Liter
50 g oder 15 g	frische Eisenkrautzweige (ca. 15 cm lang) getrocknetes Kraut	250 g 75 g
600 ml	Kräuterbrand (40–42 %)	3 l
200 ml	Wasser	1 l
400 g	Honig	2 kg

So geht's:

1 | Das Eisenkraut in ca. 5 cm lange Stücke schneiden. Das Wasser erhitzen und das Eisenkraut zugeben, leicht abkühlen lassen und den Honig darin auflösen.

2 | Den Ansatz 1 Tag stehen lassen und dann abseihen. Den Kräuteralkohol zugeben und gut mischen.

3 | Den Likör dunkel und kühl 3 Monate reifen lassen und anschließend filtrieren.

4 | Gut verschlossen, kühl und dunkel aufbewahren.

Mein Tipp

Zum Verschenken einen kleinen Zweig frisches Eisenkraut in die Flasche geben, das sieht sehr schön aus.

HOPFEN-BIER-LIKÖR

Bier, ganz konzentriert in einem Likörgläschen. Mit seinem kräftig-würzigen Hopfengeschmack passt dieser Likör sehr gut auch zu einem deftigen Vesper.

Für 1 Liter		Für 5 Liter
50 g	frische, hellgrüne Hopfenblüten	250 g
1	unbehandelte Orange	5
1	Vanillestange	5
500 ml	Kornbrand (42–45 %)	2,5 l
200 ml	Bier	1 l
300 ml	Invertzucker	1,5 l

So geht's:

1 | Die Orange dünn schälen. Hopfenblüten, Orangenschale und die Vanillestange 1 Tag im Kornbrand ziehen lassen. Dann durch ein Tuch absieben und auspressen.

2 | Die Ansatzflüssigkeit, den Invertzucker und das Bier mischen und gut durchschütteln. Den Likör 3 Monate reifen lassen.

3 | Anschließend den Likör durch einen Faltenfilter filtrieren und in Flaschen abfüllen.

ERNTEN ODER KAUFEN

Hopfen wächst oft wild am Waldrand und an Wildhecken. Dort lässt er sich gut ernten. Er wächst im nächsten Jahr wieder nach und deshalb schadet die Ernte der Blüten nicht.

NACHREIFE UND HALTBARKEIT

Den Hopfenlikör gerne sofort verbrauchen, denn nach 1 Jahr wird er dumpfer und verliert stark an Geschmack.

Mein Tipp

Hier kann man mit verschiedenen Biersorten experimentieren und die beste Biersorte für den eigenen Bierlikör finden.

MUTTERKRAUTBITTERLIKÖR

Sehr bitter, für manche fast abstoßend, so schmeckt ein Tee aus Mutterkraut. Deshalb wird der Likör von Menschen gemocht, deren Bittertoleranz sehr groß ist.

ERNTEN ODER KAUFEN

Mutterkraut wird getrocknet im Handel angeboten. Frisch kann es im Garten fast den ganzen Sommer geerntet werden. Es versamt sich selbst und ähnelt im Aussehen sehr der Kamille.

NACHREIFE UND HALTBARKEIT

Dieser Likör sollte nicht in großen Mengen hergestellt und auch nur schluckweise getrunken werden. Durch die Bitterstoffe ist er lange haltbar und wird durch das Reifen runder und milder.

Für 1 Liter		Für 5 Liter
50 g oder 10 g	frische Mutterkrautblüten / getrocknete Blüten	250 g / 50 g
50 g oder 10 g	frische Pfefferminzblätter / getrocknete Pfefferminzblätter	250 g / 50 g
5 g	Fenchelsamen	25 g
2	unbehandelte Zitronen	10
500 ml	Kornbrand (42–45 %)	2,5 l
350 ml	Wasser	1,75 l
300 g	Honig	1,5 kg

So geht's:

1 | Die Zitronen in Scheiben schneiden und die Fenchelsamen mörsern oder grob hacken.

2 | Das Wasser auf 40–60 °C erhitzen. Kräuter, Gewürze und Zitrone zugeben. Den Honig darin auflösen und den Ansatz 1 Stunde warmhalten.

3 | Den Kornbrand hinzugeben und dann über Nacht ziehen lassen (10–12 Stunden).

4 | Den Likör durch ein feines Tuch sieben und auspressen. Anschließend durch einen Faltenfilter fein filtrieren. In Flaschen abfüllen.

> **Mein Tipp**
>
> Mutterkraut ist eine von Floristen geliebte Blume, die lange in der Vase hält und die Raumluft mit würzigem Duft füllt.

SONNENHUTLIKÖR

Herb-bitter und trotzdem süß, das mag der Kräuterliebhaber an diesem Likör. Seine leicht blumigen Töne erhöhen den Genuss noch dazu.

Für 1 Liter		Für 5 Liter
80 g	Sonnenhutblüten	400 g
1 Zweig	Zitronenverbene oder Zitronenmelisse	5 Zweige
1	unbehandelte Zitrone	5
500 ml	Apfelbrand (42–44 %)	2,5 l
300 ml	klarer Apfelsaft	1,5 l
400 g	Honig	2 kg

So geht's:

1 | Honig im Wasserbad leicht erwärmen (ca. 40 °C). Die Zitrone in Scheiben schneiden. Die klein geschnittenen frischen Sonnenhutblüten und die Zitronen untermischen. An einem warmen Ort, in einem verschlossenen Glas 2 Wochen ziehen lassen. Immer wieder mal das Glas umdrehen.

2 | Den Apfelsaft sanft erhitzen, bis er lauwarm ist. Den Sonnenhuthonig mit dem lauwarmen Apfelsaft vermischen und umrühren, bis sich der Honig gelöst hat. Nun den Apfelbrand zugeben und weitere 6–8 Wochen verschlossen reifen lassen.

3 | Den Likör durch einen Faltenfilter filtrieren, abfüllen und dunkel und kühl aufbewahren.

ERNTEN ODER KAUFEN

Nur wer einen eigenen Garten hat, kommt an die Blüten der Echinacea, des Purpursonnenhutes. Aber die Präriestaude gedeiht auch sehr gut im Kübel oder Balkonkasten. Verwendet werden die ganzen Blüten mit dem strubbeligen Blütenboden, zur Zeit der Vollblüte.

NACHREIFE UND HALTBARKEIT

Dieser Likör ist für die winterliche Erkältungszeit gedacht und darf ruhig 2–3 Jahre aufbewahrt werden.

Mein Tipp

Der Purpursonnenhut wird auch als dekorative Topfpflanze angeboten, doch die Blüten gespritzter Pflanzen sollten nicht verwendet werden. Lässt man die Pflanze aber im Topf überwintern, dann ist die Blüte im kommenden Jahr unbelastet und eignet sich für die Ernte.

SPITZWEGERICH-FRAUENMANTEL-LIKÖR

Ein bisschen nach Gemüse und Pilzen schmeckt dieser Likör. Ungewohnt für Fruchtlikörliebhaber, unerwartet für Kräuterlikörfans.

ERNTEN ODER KAUFEN

Nur junge, frische Blätter sollten gesammelt werden, die kurz kalt abgewaschen werden. Die feuchten Blätter auf einem Geschirrtuch ausbreiten, einrollen und kräftig auf einer harten Unterlage rollen. So werden die Blätter trocken und weich. Vom Spitzwegerich können auch die Blüten und unreifen, noch weichen, Samenstände mitverwendet werden.

Für 1 Liter		Für 5 Liter
70 g	Spitzwegerich	350 g
70 g	Frauenmantelblätter	350 g
1 Zweig	Zitronenmelisse	5 Zweige
1	unbehandelte Zitrone	5
500 ml	Apfelbrand (42–44 %)	2,5 l
300 ml	klarer Apfelsaft	1,5 l
400 g	Honig	2 kg

So geht's:

1 | Die Zitrone in Scheiben schneiden. Die Kräuter wie links beschrieben waschen, trocknen und zusammen mit der Zitrone in den Apfelbrand geben. 1 Woche verschlossen ziehen lassen.

2 | Den Ansatz absieben, auspressen und mit dem Apfelsaft und dem Honig verrühren, bis der Honig sich gelöst hat.

3 | Den Likör durch einen Faltenfilter filtrieren und abfüllen.

NACHREIFE UND HALTBARKEIT

Der Likör ist sofort genießbar und vor allem in der kalten Hustenzeit tut er gut. Nach 2–3 Jahren sollte er verbraucht sein.

> **Mein Tipp**
> Ein Likör, den man auch gut in einen heißen Pfefferminztee geben kann – schmeckt toll und beugt Wintererkältungen vor.

TANNENSPITZENLIKÖR

Harzig, waldig passt als Beschreibung des Geschmacks richtig gut. Ein Halsschmeichler, der sich erfrischend gut trinken lässt.

Für 1 Liter		Für 5 Liter
200 g	Fichtentriebe	1 kg
1	unbehandelte Zitrone	5
500 ml	Kornbrand (42–45 %)	2,5 l
300 ml	Wasser	1,5 l
400 g	Honig	2 kg

So geht's:

1 | Die Zitrone in Scheiben schneiden. Das Wasser erhitzen, die Fichtentriebe und die Zitrone zugeben und 10 Minuten köcheln lassen. Den Ansatz 1 Tag zugedeckt ziehen lassen.

2 | Den Ansatz wieder leicht unter Rühren erwärmen (40–50 °C). Langsam den Honig einrühren und auflösen. 1 weiteren Tag zugedeckt ziehen lassen.

3 | Den Kornbrand zugeben. Den Ansatz verschlossen 3–6 Wochen reifen lassen.

4 | Den Likör durch ein feines Tuch filtrieren. Sollte er nicht klar werden, durch einen Faltenfilter laufen lassen. Bis zum Verbrauch dunkel und gut verschlossen aufbewahren.

ERNTEN ODER KAUFEN

Hier werden die hellgrünen, oft schlaff hängenden, ca. 2 cm langen Triebe der Rottannen (Fichten) verwendet. Bitte nur an lichten Waldwegen die Seitentriebe wild wachsender, nicht vom Waldbesitzer gepflanzten, jungen Bäumen ernten.

NACHREIFE UND HALTBARKEIT

Mit der Zeit wird der Likör zur Delikatesse. Sie dürfen ihn 5 Jahre verstecken – dann ist er unvergleichlich gut.

Mein Tipp

Aus den Trieben der Fichte lässt sich auch der berühmte Fichtennadelhonig herstellen, zusammen mit dem Tannenspitzenlikör ein waldiges Mitbringsel zu jedem Anlass.

THYMIAN-KRÄUTER-LIKÖR

Thymian verleiht dem Likör die herbe Würze und die restlichen Kräuter verstärken den Effekt. Durch Lavendel und Königskerzenblüten wird er etwas milder.

ERNTEN ODER KAUFEN

Thymian ist im Hochsommer an trockenen Hängen und auf mageren, sonnigen Wiesen zu finden. Einfach die Blüten mit einigen Blättchen abschneiden, die Pflanze treibt danach wieder stark durch. Die zusätzlichen Kräuter können variieren. Fehlen manche, werden sie durch andere ersetzt. Sind keine frischen Kräuter vorhanden, verwendet man etwa ein Drittel des Gewichtes getrocknete Kräuter.

NACHREIFE UND HALTBARKEIT

Natürlich kann der Likör gleich getrunken werden, aber nach 6 Monaten Reifung schmeckt er erst richtig gut. Durch die vielen Kräuter und den hohen Alkoholgehalt lässt er sich bis zu 5 Jahre lagern.

Für 1 Liter		Für 5 Liter
30 g	frischer, wilder Thymian	150 g
30 g	Ysop, Bohnenkraut, wilder Oregano, Rosmarin	150 g
30 g	Blüten von Lavendel, Salbei, Königskerze und Ringelblume	150 g
400 ml	Obstwasser 40–42 %ig	2 l
400 ml	lieblicher Weißwein	2 l
400 g	Honig	2 kg

So geht's:

1 | Die Kräuter waschen, trocknen lassen und mit dem Obstwasser übergießen. 1 Tag stehen lassen. Dann den Ansatz absieben und die Kräuter auspressen.

2 | Den Wein auf ca. 40 °C erhitzen und den Honig darin auflösen.

3 | Den Kräuteralkohol zugeben und gut mischen. 6 Wochen im Hellen (in der Sonne) stehen lassen.

4 | Nach etwa 6 Wochen alles durch ein sehr feines Tuch oder einen Filter filtrieren.

Mein Tipp

Auch bei diesem Likör lohnt es sich, die Experimente zu dokumentieren. Welche Kräuter verwendet wurden und wann man sie geerntet hat, das sollten Sie aufschreiben, um den Likör auch später wieder so herstellen zu können.

Mein Tipp

Gin ist ein Wacholdergeist mit Kräutern destilliert. Probieren Sie unterschiedliche Gins und finden Sie den besten für Ihren Wacholderlikör.

WACHOLDERLIKÖR

Wacholderlikör ist ein »Liebhaberschnäpsle«, das vielleicht anfangs etwas schwierig zu trinken ist. Schluckweise genossen lernt man die herben Aromen zu lieben.

Für 1 Liter		Für 5 Liter
50 g	Wacholderbeeren	250 g
10 g	Kümmel	50 g
10 g	Fenchelsamen	50 g
1	Nelke	5
1	unbehandelte Zitrone	5
1	unbehandelte Orange	5
500 ml	Gin (42–45 %)	2,5 l
300 ml	Wasser	1,5 l
400 g	Honig	2 kg

So geht's:

1 | Das Wasser auf 50–60 °C erwärmen und den Honig darin auflösen. Die Orange und die Zitrone dünn schälen und die Schalen hinzugeben.

2 | Wacholderbeeren, Kümmel, Nelke und Fenchelsamen grob hacken oder mörsern und in den Honigsirup einrühren. 1 Stunde bei ca. 50 °C ziehen lassen und danach zugedeckt abkühlen lassen.

3 | Den Gin zugeben und gut durchmischen. Verschlossen 2–3 Wochen ziehen lassen.

4 | Den Ansatz absieben und mit einem Faltenfilter klar filtrieren.

ERNTEN ODER KAUFEN

Wacholderbeeren reifen ungleichmäßig an den immergrünen Sträuchern. Sie werden als Gewürz getrocknet angeboten und können so auch gut auf Vorrat gekauft werden. Da es sich um eine seltenere Wildpflanze handelt, ist eigenes Ernten nur an eigenen Wacholderbäumen zu empfehlen.

NACHREIFE UND HALTBARKEIT

Der Honig führt dazu, dass sich ein wenig trüber Satz am Boden absetzt. Das ist unvermeidbar, ein Zeichen von guter Qualität und erfordert ein kurzes Schütteln vor dem Ausschenken. Nach 2 Jahren sollte der Likör verbraucht sein.

BEZUGSQUELLEN

www.flaschen-suedglas.de
www.bockmeyer.de
www.rekru.de
www.roser-hausbrennerei.de

ZUM WEITERLESEN

Bühring, Ursel
Heilpflanzenrezepte. Die besten aus der Freiburger Heilpflanzenschule. Verlag Eugen Ulmer, 2014.

Gaigg, Walter
Ansatzschnäpse: Liköre und Kräuterweine.
Leopold Stocker Verlag, 2010.

George, Herbert
Likörbereitung. Verlag Eugen Ulmer, 2008.

Hagmann, Klaus
Blitz-Liköre. Morgens zubereiten, abends genießen.
Verlag Eugen Ulmer, 2013.

Harding, Jennie
Die Welt der Kräuter. Parragon-Verlag, 2005.

Kreuter, Marie Luise
Kräuter und Gewürze aus dem eigenen Garten. BLV-Verlag, 2009.

Tscharner, Gisula · Knieriemen, Heinz
Hexentrank und Wiesenschmaus. Rezepte aus der wilden Weiberküche. AT Verlag, 2001.

von Merhart, Nenna
Heilschnäpse und feine Liköre. Die 100 besten Rezepte.
Bechtermünz Verlag, 1999.

REZEPTE SCHNELL NACHGESCHLAGEN

A

Andornlikör 81

B

Birnenblüten-Vanille-Likör 17
Bitterer Sommerlikör 107
Blutwurz-Walnuss-Likör 63
Brennnessel-Haselnuss-Likör 64
Buchenblätterlikör 82

E

Eisenkrautlikör 108
Entspannungs-kräuterlikör 18
Erdbeer-Basilikum-Likör 85
Estragonlikör 86

F

Fliederlikör 22
Frühlingsblütenlikör 21

H

Heckenrosenlikör 25
Heidelbeerblätterlikör 26
Holunderblüten-Meisterwurz-Likör 89
Hopfen-Bier-Likör 111

K

Kamillen-Ysop-Likör 29
Kastanienblütenlikör 30
Kleeblütenlikör 33
Königskerzen-Ringelblumen-Likör 34

L

Lärchenzapfenlikör 90
Lavendelblütenlikör 37
Lindenblütenlikör 38
Löwenzahnblütenlikör 41

M

Mädesüßlikör 45
Malvenlikör 42
Muskatellersalbeilikör 67
Mutterkrautbitterlikör 112

P

Pfefferminz–Zwetschgen-Likör 68
Pimpernelle-Ringelblumen-Likör 46

R

Rhabarber-Thymian-Likör 71
Rosenlikör 49
Rosmarin-Pfirsichblätter-Likör 72
Rosmarin-Topinambur-Likör 93

S

Salbeilikör 94
Schlüsselblumenlikör 50
Schokoladenminzelikör 97
Sonnenhutlikör 115
Spitzwegerich-Frauenmantel-Likör 116
Springkrautlikör 53
Süßdoldenlikör 54

T

Tageteslikör 98
Tannenspitzenlikör 119
Thymian-Kräuter-Likör 120

V

Veilchenlikör 57
Vogelbeer-Schafgarben-Likör 75

W

Wacholderlikör 123
Waldmeisterlikör 58
Waldmeister-Minze-Likör 101
Weißdornblütenlikör 76

Z

Zitronenverbenenlikör 102

BILDQUELLEN & IMPRESSUM

Alle Fotos und das Titelfoto stammen von Rebecca Vitt
mit Ausnahme der folgenden:

mauritius images:
Klappe vorne, innen links, oben und unten; Klappe vorne, innen rechts, 2. von oben, 3. von oben, 2. von unten und unten; Klappe hinten, innen links, oben, 2. von oben, 2. von unten und unten; Klappe hinten, innen rechts, oben, 2. von oben und 2. von unten.

Shutterstock.com:
Miroslav Hlavko: vordere Klappe, innen links, 2. von unten; mizy: Klappe vorne, innen rechts, oben; pilialoha: Klappe hinten, innen rechts, unten; terra incognita: Klappe vorne, innen links, 2. von oben.

Die in diesem Buch enthaltenen Empfehlungen und Angaben sind von der Autorin mit größter Sorgfalt zusammengestellt und geprüft worden. Eine Garantie für die Richtigkeit der Angaben kann aber nicht gegeben werden. Autorin und Verlag übernehmen keine Haftung für Schäden und Unfälle. Bitte setzen Sie bei der Anwendung der in diesem Buch enthaltenen Empfehlungen Ihr persönliches Urteilsvermögen ein. Der Verlag Eugen Ulmer ist nicht verantwortlich für die Inhalte der im Buch genannten Websites.

Bibliografische Information der Deutschen Nationalbibliothek
Die Deutsche Nationalbibliothek verzeichnet diese Publikation in der Deutschen Nationalbibliografie; detaillierte bibliografische Daten sind im Internet über http://dnb.d-nb.de abrufbar.

Das Werk einschließlich aller seiner Teile ist urheberrechtlich geschützt. Jede Verwertung außerhalb der engen Grenzen des Urheberrechtsgesetzes ist ohne Zustimmung des Verlages unzulässig und strafbar. Das gilt insbesondere für Vervielfältigungen, Übersetzungen, Mikroverfilmungen und die Einspeicherung und Verarbeitung in elektronischen Systemen.

© 2019 Eugen Ulmer KG
Wollgrasweg 41, 70599 Stuttgart (Hohenheim)
E-Mail: info@ulmer.de
Internet: www.ulmer.de

Lektorat: Lisa Seibel, Christine Hutschenreuther, Anja Fleischhauer
Herstellung: Isabell Scherrieble
Umschlag-Gestaltung, Layout und Satz: Antje Warnecke, Appen
Reproduktion: timeRay Visualisierungen, Jettingen
Druck und Bindung: Westermann Druck Zwickau
Printed in Germany

ISBN 978-3-8186-0689-3

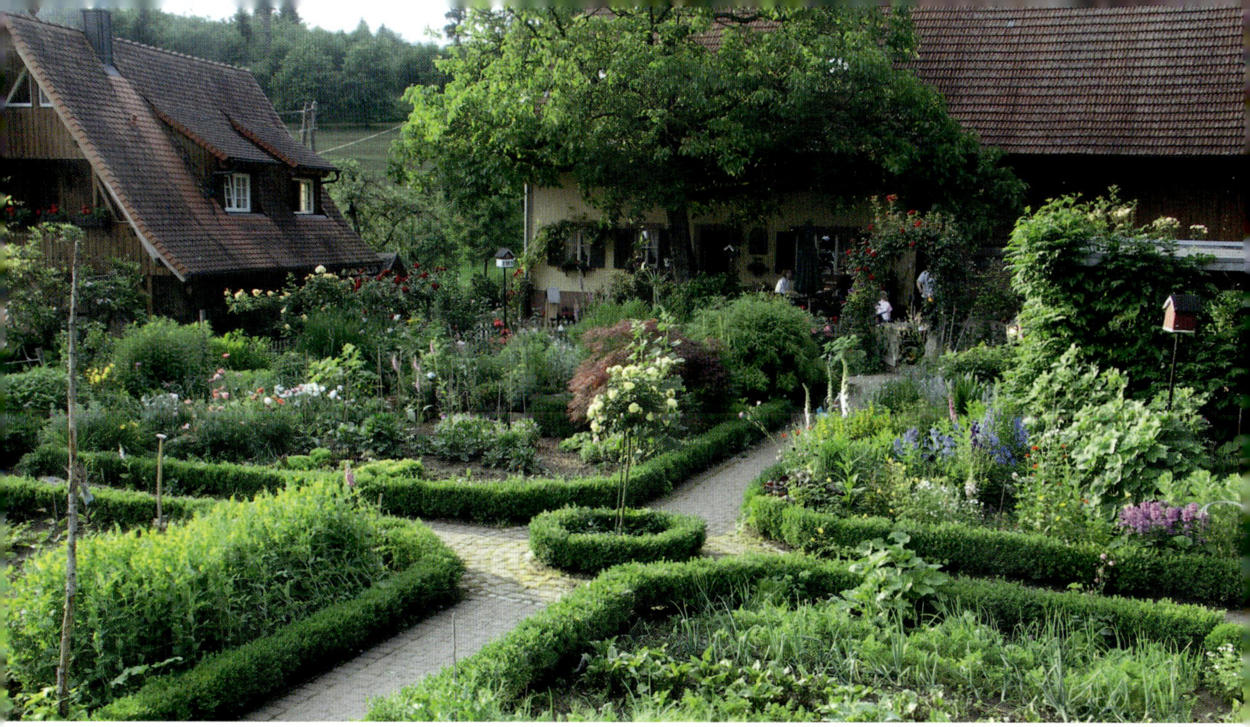

kraeuter-regio.de

Das Netzwerk **Bauerngarten- und Wildkräuterland Baden e.V.**
ist ein Zusammenschluss von Kräuterpädagogen, Bauerngärtnerinnen, Phytotherapeuten, Naturpädagogen, Natur- und Gästeführern sowie weiteren Natur- und Pflanzeninteressierten.
In dem 2009 gegründeten Verein fließen altes und neues Pflanzenwissen, jahrelange Erfahrungen und vielseitige Fachkompetenz zu einem großen Wissensfundus zusammen.

Der Verein und seine Mitglieder bieten an:

- Wildkräuterexkursionen
- Heilpflanzenseminare
- Fachvorträge
- Mehrtägige Kräuter- und Gartenkurse
- Organisation von Bauerngarten-Exkursionen für Gruppen und Vereine
- Kräuter- und Teegenüsse besonderer Art und Qualität

Besondere Veranstaltungen:

- Tag des offenen Bauerngartens im Juli der geraden Jahre
- Vertretung auf Naturpark-Märkten
- Badischer Kräutertag im Naturpark im Frühsommer der ungeraden Jahre

Informationen unter **www.kraeuter-regio.de**

HIER KÖNNEN SIE WEITERLESEN:

Pflanzen Sie Ihre Wildkräuter selbst. So sind Verwechslungen und Straßendreck ausgeschlossen. Heimische Wildpflanzen stecken voller wertvoller Vitalstoffe und sind eine sinnvolle und darüber hinaus leckere Ergänzung zu unserem Essen. Heide Bergmann und Ulrike Armbruster, Gartenexpertin und Kräuterfachfrau, erklären Ihnen den Anbau von 25 Wildkräutern im Garten und auf dem Balkon. Inhaltsstoffe der Kräuter und Ideen zur Nutzung für die Gesundheit sind natürlich dabei. Feine und vielfach erprobte Wildkräuterrezepte machen Lust auf gesunden Genuss.

Wildkräuter aus Topf und Garten.
Grüne Kraft pflanzen und genießen.
Mit über 90 Rezepten. Heide Bergmann, Ulrike Armbruster.
2018. 160 Seiten, 115 Farbfotos, Klappenbroschur.
ISBN 978-3-8186-0266-6.